Das Buch

Die Roaring Twenties auf  süße Leben, dem sich die l daatje hingaben, eine trinl schaft: Großmutter Lalla, die den Donner lesen kann und Blumen stehlen muß, der chaotische Vater, der sich zu Tode säuft, ein Leben zwischen Teeplantagen und Pferderennen, Gewürzen, Giften, Teufelstanz und Regenzeit ... »Ondaatje inszeniert die Rückreise zu seinen familiären Quellen als opulentes Fest für sich und seine Leser ... vorzuwerfen wäre ihm nur, daß seine Spurensicherung viel zu kurz geraten ist. Zum Trost kann man sie mehrmals lesen, denn eindeutig hat der Autor als Kind von der Zunge des Thalagoya-Krokodils gekostet, was bewirkt, daß man sich ›brillant ausdrücken und stets wunderschön sprechen kann‹.« (Angela Praesent in der ›Zeit‹)

Der Autor

Michael Ondaatje, von holländisch-tamilisch-singhalesischer Abstammung, wurde am 10. September 1943 in Sri Lanka geboren. Schulausbildung in England, 1962 Übersiedlung nach Kanada. Schrieb mehrere Romane, Gedichtbände und Novellen. Er unterrichtet am Glendon College in Toronto. In deutscher Sprache sind bisher erschienen: ›In der Haut eines Löwen‹ (1990), ›Der englische Patient‹ (1993).

Michael Ondaatje:
Es liegt in der Familie

Deutsch von Peter Torberg

Deutscher
Taschenbuch
Verlag

Von Michael Ondaatje
ist im Deutschen Taschenbuch Verlag erschienen:
In der Haut eines Löwen (11742)

Ungekürzte Ausgabe
Oktober 1994
Deutscher Taschenbuch Verlag GmbH & Co. KG,
München
© 1982 Michael Ondaatje
Titel der Originalausgabe:
›Running in the Family‹
(Norton & Company, New York)
© 1992 der deutschsprachigen Ausgabe:
Carl Hanser Verlag, München · Wien
ISBN 3-446-15331-4
Umschlagtypographie: Celestino Piatti
Umschlaggestaltung unter Verwendung eines Fotos
aus dem Familienbesitz des Autors
Gesamtherstellung: C. H. Beck'sche Buchdruckerei,
Nördlingen
Printed in Germany · ISBN 3-423-11943-8

Für Griffin und Quintin.
Für Gillian, Janet und Christopher.

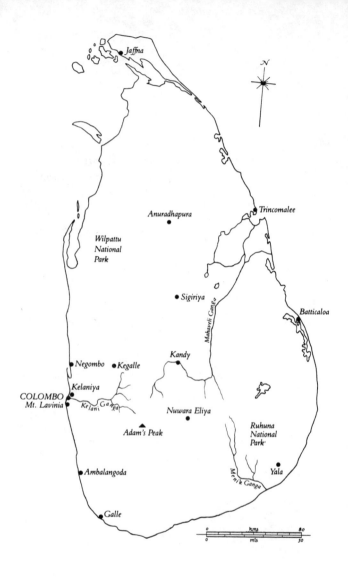

»Ich fand auf dieser Insel Federvieh von der Größe unserer Gänse mit zwei Köpfen ... und andere wundersame Dinge, von denen ich hier nicht berichten werde.«

Oderich

(Franziskanermönch, 14. Jahrhundert)

»Die Amerikaner waren in der Lage, einen Menschen auf den Mond zu schicken, weil sie Englisch verstehen. Die Singhalesen und Tamilen, deren Englischkenntnisse beschränkt waren, glaubten, die Erde sei flach.«

Douglas Amarasekara,

Ceylon Sunday Times, 29. 1. 1978

Dürre seit Dezember.

In der ganzen Stadt schieben Männer Karren mit Eis herum, eingepackt in Sägemehl. Später, noch immer herrscht Dürre, hat er während eines Fieberanfalls einen Alptraum: die harten Wurzeln der Dornensträucher im Garten wuchern unterhalb der Erde bis zum Haus und klettern durch die Fenster, um den Schweiß von seinem Körper zu trinken, den letzten Tropfen Spucke von seiner Zunge zu stehlen.

Kurz vor Tagesanbruch schaltet er das Licht ein. Seit fünfundzwanzig Jahren lebt er nicht mehr in diesem Land, doch bis zu seinem elften Lebensjahr hat er in Zimmern wie diesem geschlafen – statt Gardinen nur dünne Stäbe vor den Fenstern, damit niemand einbrechen kann. Und der Fußboden roter, glattpolierter Zement, kühl unter den nackten Füßen.

Morgendämmerung in einem Garten. Klarheit der Blätter, Früchte, das dunkle Gelb des Königs Kokosnuß. Dieses zarte Licht hält sich nur für einen kurzen Augenblick am Tag. In zehn Minuten wird der Garten in flimmernder Hitze daliegen, summend vor Geräuschen und Schmetterlingen.

Eine halbe Seite – und schon ist der Morgen uralt.

Asiatische Gerüchte

Asien

Ausgelöst wurde alles durch den weißen Knochen eines Traumes, den ich kaum festhalten konnte. Ich schlief im Haus eines Freundes. Ich sah meinen Vater, chaotisch, von Hunden umringt, und alle heulten und bellten sie in die tropische Landschaft hinaus. Der Lärm weckte mich auf. Ich setzte mich auf dem unbequemen Sofa auf und war in einem Dschungel, es war heiß, ich schwitzte. Straßenlaternen reflektierten den Schnee und warfen das Licht ins Zimmer, durch die Ranken der wilden Rebe und den Farn am Fenster meines Freundes. Ein Aquarium leuchtete in der Ecke. Ich hatte geweint, und meine Schultern und mein Gesicht waren erschöpft. Ich wickelte mich in die Decke, lehnte mich gegen die Rückenlehne des Sofas und blieb fast die ganze Nacht so sitzen. Verspannt, ohne mich bewegen zu wollen, während die Hitze langsam aus mir wich, während der Schweiß verdunstete und ich mir wieder des schneidenden Windes draußen vor den Fenstern bewußt wurde, der durch die Straßen und über die eisverkrusteten Autos, die sich wie Schafe aneinanderkauerten, hinwegfegte und heulte, bis hinunter zum Ontariosee. Der Winter fing gerade erst an, und ich träumte bereits von Asien.

Ein Freund hatte mir einmal gesagt, daß ich nur in betrunkenem Zustand genau zu wissen schien, was ich wollte. Und so wußte ich zwei Monate später, mitten während der Abschiedsparty, als ich immer mehr außer Rand und Band geriet – ich tanzte, balancierte ein Weinglas auf der Stirn und ließ mich zu Boden fallen, drehte mich im Kreis und stand wieder auf, ohne das Glas fallen zu lassen, ein Trick, der nur in betrunkenem und entspanntem Zustand möglich schien –, daß ich schon rannte. Draußen hatte der anhaltende Schneefall die Straßen schmaler, fast unpassierbar werden lassen. Die Gäste waren zu Fuß gekommen, in Schals gehüllt, die Gesichter rosig vor Kälte. Sie lehnten am Kamin und tranken.

Ich hatte diese Reise bereits geplant. An ruhigen Nachmittagen breitete ich Karten auf dem Fußboden aus und erkundete mögliche Routen nach Ceylon. Doch erst bei dieser Party, in Gesellschaft meiner engsten Freunde, wurde mir klar, daß ich zurück zu der Familie reisen würde, der ich entstammte – zu jenen Verwandten aus der Generation meiner Eltern, die mir im Gedächtnis standen wie eingefrorene Figuren aus einer Oper. Ich wollte sie zu Worten rühren. Ein perverser und einsamer Wunsch. In Jane Austens *Persuasion* war ich auf folgende Zeilen gestoßen: »Sie war in ihrer Jugend zu Besonnenheit angehalten worden, Romantik lernte sie kennen, als sie älter wurde – die natürliche Folge eines unnatürlichen Anfangs.« Mitte Dreißig wurde mir bewußt, daß ich an einer Kindheit vorbeigeglitten war, die ich ignoriert und nicht begriffen hatte.

Asien. Der Name war ein Seufzer aus einem sterbenden Mund. Ein uraltes Wort, das geflüstert werden mußte und niemals als Schlachtruf verwendet würde. Das Wort kroch dahin. Es hatte nicht den abgehackten Klang wie Europa, Amerika, Kanada. Die Vokale waren übermächtig, schliefen mit dem S und N auf der Karte. Ich rannte nach Asien, und alles würde sich ändern. Es begann in dem Augenblick, als ich inmitten meines komfortablen, geordneten

Lebens wild tanzte und lachte. Neben dem Kühlschrank sitzend, versuchte ich, ein paar der Fragmente, die ich über meinen Vater, meine Großmutter wußte, mitzuteilen. »Woran starb deine Großmutter eigentlich?« »An einer natürlichen Ursache.« »Welche?« »Überschwemmung.« Und dann riß mich eine weitere Welle der Party mit sich.

Nachmittage in Jaffna

Viertel nach zwei. Ich sitze in dem riesigen Wohnraum des alten Gouverneurssitzes in Jaffna. Die Wände, vor ein paar Jahren in einem warmen Rosenrot getüncht, ziehen sich links und rechts von mir ungeheuer lang hin und bis hinauf zu der weißen Decke. Als die Holländer dieses Haus bauten, verwendeten sie Eiweiß, um die Wände zu tünchen. Die Türen sind sechs Meter hoch, als warteten sie auf den Tag, an dem eine Akrobatenfamilie von Raum zu Raum gehen wird, seitwärts, ohne daß der eine von des anderen Schulter steigen muß.

Der Ventilator hängt an einem langen Stab und dreht sich lethargisch, die Flügel leicht geneigt, um die Luft einzufangen, die er durch das Zimmer fächelt. Wie mechanisch der Ventilator auch in seinen Bewegungen ist, die Beschaffenheit der Luft richtet sich nicht nach dem Metronom. Die Luft stößt in Böen unregelmäßig auf meine Arme, mein Gesicht und dieses Blatt Papier.

Das Haus wurde um 1700 erbaut und ist das schönste Gebäude in dieser Nordregion Ceylons. Obwohl es innen riesig ist, sieht es von außen bescheiden aus, wie es da in einer Ecke des Forts klebt. Um das Gebäude zu Fuß, mit Auto oder Fahrrad zu erreichen, muß man eine Brücke über den Graben passieren, an den zwei Wachen vorbei, die unglück-

licherweise genau dort stehen müssen, wo sich die Sumpf-
gase sammeln, und über den Hof des Forts. Hier, in diesem
geräumigen Zentrum der labyrinthischen holländischen
Verteidigungsanlagen aus dem achtzehnten Jahrhundert,
sitze ich auf einem der gewaltigen Sofas in der geräuschvol-
len Nachmittagsstille, während der Rest des Hauses schläft.

Den Vormittag habe ich mit meiner Schwester und meiner
Tante Phyllis verbracht, um dem Wirrwarr der Verwandt-
schaftsbeziehungen unter meinen Vorfahren nachzuspüren.
Eine Zeitlang saßen wir in einem der Schlafzimmer, auf
zwei Betten und einen Sessel gefläzt. Im dunklen Pendant
dieses Schlafzimmers, in einem anderen Flügel des Hauses,
spukt es angeblich. Als ich das klamme Zimmer betrat, sah
ich die Moskitonetze wie die Kleider erhängter Bräute in
der Luft schweben, sah die Skelette der Betten ohne ihre
Matratzen und verließ das Zimmer, ohne mich noch einmal
umzudrehen.

Später zogen wir drei ins Eßzimmer um, und meine
Tante kramte allgemein bekannte Ereignisse aus ihrem Gedächtnis hervor. Sie ist der Minotaurus bei dieser langen
Rückreise – all diese Reisevorbereitungen, die Fahrt durch
Afrika, dann vor kurzem die siebenstündige Bahnfahrt von
Colombo nach Jaffna, die Wachen, die hohen Steinmauern
und jetzt diese träge Höflichkeit der Mahlzeiten, Tee, ihr
bester Brandy am Abend für meinen schwachen Magen –,
der Minotaurus, der den Ort bewohnt, an dem man selbst
vor Jahren lebte, und der einen mit Unterhaltungen über
den ursprünglichen Kreis der Liebe überrascht. Ich mag
sie besonders gern, weil sie sich immer gut mit meinem Vater verstand. Spricht jemand anders, so schweifen ihre Augen zur Zimmerdecke, als würde sie die Architektur dort
zum erstenmal bemerken, als würde sie nach Stichworten
für Geschichten suchen. Wir müssen uns immer noch er-
holen von ihrem fröhlichen Resümee über Leben und Tod

eines mißratenen Ondaatje, der »von seinem eigenen Pferd in Stücke gerissen wurde«.

Schließlich setzen wir uns in die Rohrstühle auf der Veranda, die sich über fünfzig Meter an der Hausfront entlangzieht. Von zehn bis Mittag sitzen wir da, reden und trinken eiskalten Palmyrah-Toddy aus einer Flasche, die wir im Dorf abfüllen ließen. Palmyrah-Toddy ist ein Getränk, das wie Kautschuk riecht und aus dem Saft von ausgepreßten Kokosnußblüten besteht. Wir nippen langsam und spüren, wie es im Magen weitergärt.

Gegen zwölf döse ich eine Stunde, stehe dann auf und esse Krabbencurry zu Mittag. Es hat keinen Sinn, bei diesem Gericht Gabel und Löffel zu benutzen. Ich esse mit den Händen, schaufle den Reis mit dem Daumen in den Mund, zerbeiße die Schalen mit den Zähnen. Danach frische Ananas.

Doch am meisten liebe ich die Nachmittagsstunden. Jetzt ist es fast Viertel vor drei. In einer halben Stunde werden die anderen aus ihrem Schlaf erwachen, und aufs neue werden verwickelte Unterhaltungen beginnen. Im Herzen dieses zweihundertfünfzig Jahre alten Forts werden wir Anekdoten und verblaßte Erinnerungen austauschen, werden versuchen, sie mit geordneten Daten und Randbemerkungen aufzublähen und alle miteinander zu verknüpfen, als bauten wir einen Schiffsrumpf. Keine Geschichte wird nur ein einziges Mal erzählt. Ob bloße Erinnerung oder komischer, gräßlicher Skandal, wir werden eine Stunde später darauf zurückkommen und die Geschichte neu erzählen, angereichert mit Ergänzungen und diesmal auch mit ein paar wertenden Kommentaren. Auf diese Weise wird Geschichte geordnet. Den ganzen Tag über ist mein Onkel Ned, der einem Untersuchungsausschuß über Rassenunruhen vorsteht (und deswegen dieses Gebäude als Wohnung zugewiesen bekommen hat, solange er in Jaffna ist), in der Arbeit, und den ganzen Tag über präsidiert meine Tante Phyllis über die Geschichte der guten und der schlechten Ondaatjes und der Leute, mit denen sie zu tun hatten. Ihr Auge, das mittlerweile die Zimmerdecke dieses Hauses sehr gut kennt, wird plötzlich aufleuchten, und sie wird sich uns entzückt zuwenden und beginnen: »Und dann ist da noch die schreckliche Geschichte...«

Hier gibt es so viele Gespenster. In dem dunklen, moderigen Flügel, in dem die verrottenden Moskitonetze hängen, lebt die Erscheinung der Tochter des holländischen Gouverneurs. 1734 stürzte sie sich in einen Brunnen, nachdem man ihr gesagt hatte, daß sie ihren Geliebten nicht heiraten könne, und hat seitdem Generationen erschreckt, die das Zimmer mieden, in dem sie sich stumm in einem roten Kleid präsentiert. Und so wie man es vermeidet, in den Räumen zu schlafen, in denen es spukt, so vermeidet man es, sich im Wohnraum zu unterhalten, weil er so groß ist, daß jegliches gesprochene Wort in der Luft verdunstet, noch bevor es den Zuhörenden erreicht.

Die Hunde aus der Stadt, die an den Wachen vorbeigeschlichen sind, schlafen auf der Veranda – einer der kühlsten Orte in ganz Jaffna. Als ich mich erhebe, um die Geschwindigkeit des Ventilators zu regeln, stehen sie auf und trotten ein paar Meter weiter. Der Baum draußen ist voller Krähen und weißer Kraniche, die gurgeln und krächzen. Eine geräuschvolle Stille – all die neuen Geschichten in meinem Kopf, und die Vögel passen ganz genau dazu, doch sie schreien einander an und segeln ab und zu über die Köpfe der dösenden Köter hinweg.

* * *

In dieser Nacht werde ich keinen richtigen Traum haben, sondern eher ein Bild vor mir sehen, das sich ständig wiederholt. Ich sehe meinen eigenen angespannten Körper, der wie ein Stern ausgebreitet dasteht, und bemerke nach und nach, daß ich Teil einer menschlichen Pyramide bin. Unter mir sind andere Körper, auf denen ich stehe, und über mir sind noch welche, obwohl ich der Spitze recht nahe bin. Schwerfällig und langsam gehen wir von einem Ende des riesigen Wohnraums zum anderen. Wir alle schnattern durcheinander wie die Krähen und die Kraniche, daß man kaum ein Wort versteht. Ich fange aber doch einen Gesprächsfetzen auf. Ein gewisser Mr. Hobday fragt meinen Vater, ob er irgendwelche holländischen Antiquitäten im Hause hat. Und er antwortet: »Nun ... da wäre meine Mutter.« Meine Großmutter weiter unten stößt ein wütendes Gebrüll aus. Doch in diesem Moment kommen wir an der sechs Meter hohen Tür an, durch die wir nur hindurchpassen, wenn die Pyramide sich seitwärts dreht. In stiller Übereinstimmung ignoriert die ganze Familie die Öffnung und geht langsam durch die blaß rosenrotfarbenen Wände hindurch in den anliegenden Raum.

Eine tolle Romanze

Die Brautwerbung

Als mein Vater die Schule beendete, beschlossen seine Eltern, ihn nach England auf die Universität zu schicken. Also verließ Mervyn Ondaatje Ceylon auf dem Seeweg und traf in Southampton ein. Er legte die Aufnahmeprüfungen für Cambridge ab, schrieb einen Monat später nach Hause und teilte seinen Eltern die gute Nachricht mit, daß er im Queen's College aufgenommen worden sei. Sie wiesen ihm das Geld für drei Jahre Universitätsausbildung an. Endlich hatte er sich gebessert. Er hatte daheim nicht gutgetan, und nun schien es, als hätte er sich zusammengerissen und diese Phase schlechten Benehmens in den Tropen hinter sich gelassen.

Nach zweieinhalb Jahren und mehreren bescheidenen Briefen über seine erfolgreiche akademische Laufbahn fanden seine Eltern heraus, daß er nicht einmal die Aufnahmeprüfung bestanden hatte und auf ihre Kosten in England lebte. Er hatte eine teure Wohnung in Cambridge bezogen und ließ das akademische Element der Universität einfach links liegen, suchte sich seine besten Freunde unter den Studenten, las Gegenwartsliteratur, ging rudern und machte sich einen Namen als jemand, der genau wußte, was in den einschlägigen Kreisen Cambridges in den zwanziger Jahren von Bedeutung und Interesse war. Er amüsierte sich prächtig, war kurze Zeit mit einer russischen Komtesse verlobt und unternahm gar eine kurze Reise nach Irland, als die Universität über die Ferien geschlossen war, angeblich, um gegen die Rebellen zu kämpfen. Niemand wußte von diesem irischen Abenteuer außer einer Tante, die eine Fotografie geschickt bekam, auf der er in Uniform posierte, verschmitzt lächelnd.

Auf die erschütternde Nachricht hin entschlossen sich seine Eltern dazu, ihn persönlich zur Rede zu stellen, also packten seine Mutter, sein Vater und seine Schwester Stephy ihre Koffer und fuhren mit dem Schiff nach England. Jedenfalls hatte mein Vater gerade noch vierundzwanzig Tage des Wohllebens in Cambridge vor sich, bevor die wütende Familie unangemeldet vor seiner Tür stand. Belemmert bat er sie herein, konnte ihnen um elf Uhr früh nur Champagner anbieten. Das beeindruckte sie nicht so, wie er erwartet hatte, und der große Krach, dem mein Großvater seit Wochen entgegengefiebert hatte, wurde durch die wirkungsvolle Angewohnheit meines Vaters, in fast vollständiges Schweigen zu verfallen und nicht den geringsten Versuch zu unternehmen, auch nur eine einzige seiner Untaten zu rechtfertigen, abgewendet, so daß es schwer war, mit ihm zu streiten. Statt dessen ging er abends zur Essenszeit für ein paar Stunden fort, kam zurück und verkündete, daß er sich mit Kaye Roseleap verlobt hatte – der engsten englischen Freundin seiner Schwester Stephy. Diese Neuigkeit beschwichtigte einen Großteil der angestauten Wut gegen ihn. Stephy wechselte auf seine Seite über, und seine Eltern waren von der Tatsache beeindruckt, daß Kaye von den bekannten Roseleaps aus Dorset abstammte. Insgesamt war jeder zufrieden, und am folgenden Tag nahmen sie alle den Zug hinaus aufs Land, um die Roseleaps zu besuchen, mit Phyllis, der Cousine meines Vaters, im Schlepptau.

In jener Woche in Dorset benahm sich mein Vater tadellos. Die Schwiegereltern planten die Hochzeit, Phyllis wurde eingeladen, den Sommer mit den Roseleaps zu verbringen, und die Ondaatjes (inbegriffen mein Vater) reisten zurück nach Ceylon, um die vier Monate bis zur Hochzeit abzuwarten.

Zwei Wochen nach seiner Ankunft in Ceylon kam mein Vater eines Abends nach Hause und erklärte, daß er mit einer gewissen Doris Gratiaen verlobt sei. Der in Cambridge aufgeschobene Streit brach nun auf dem Rasen meines Großvaters in Kegalle aus. Mein Vater war gefaßt, unbeeindruckt von den diversen Komplikationen, die er anscheinend ausgelöst hatte, und hatte nicht einmal vor, den Roseleaps zu schreiben. Es war Stephy, die schrieb und eine Kettenreaktion von Briefen auslöste; einer davon ging an Phyllis und machte ihre Ferienpläne zunichte. Mein Vater versuchte es weiterhin mit seiner Technik, ein Problem aus der Welt zu schaffen, indem er ein anderes schuf. Am nächsten Tag kam er heim und erklärte, daß er sich der ceylonesischen Leichten Infanterie angeschlossen habe.

Ich weiß nicht genau, wie lange er meine Mutter vor der Verlobung kannte. Er muß ihr vor seiner Zeit in Cambridge wohl ab und zu in Gesellschaft begegnet sein, denn einer seiner besten Freunde war Noel Gratiaen, der Bruder meiner Mutter. Ungefähr zu jener Zeit kehrte Noel nach Ceylon zurück, da man ihn am Ende seines ersten Jahres in Oxford rausgeworfen hatte, weil er sein Zimmer in Brand gesteckt hatte. Zwar kam so etwas häufiger vor, doch er war noch einen Schritt weiter gegangen, hatte versucht, das Feuer zu löschen, indem er brennende Sofas und Sessel aus dem Fenster auf die Straße katapultierte und sie dann zum Fluß zerrte und hineinwarf – wo sie drei Boote versenkten, die dem Oxforder Ruderclub gehörten. Wahrscheinlich begegnete mein Vater Doris Gratiaen zum erstenmal, als er Noel in Colombo besuchte.

Um diese Zeit führten Doris Gratiaen und Dorothy Clementi-Smith in privatem Kreis radikale Tänze auf und übten täglich. Beide Frauen waren etwa zweiundzwanzig Jahre alt und waren stark von den Gerüchten über Isadora Duncans Tanzkunst beeinflußt. Nach etwa einem Jahr traten sie öffentlich auf. In Rex Daniels Tagebüchern findet sich eine Notiz über sie:

> Eine Gartenparty im Park der Residenz ... Bertha und ich saßen neben dem Gouverneur und Lady Thompson. Ihnen zu Ehren war eine Aufführung mit verschiedenen Darbietungen vorbereitet worden. Zuerst trat ein Bauchredner aus Trincomalee auf, dessen Nummer nicht vorher begutachtet worden war, weil er zu spät kam. Er war betrunken und begann, beleidigende Witze über den Gouverneur zu reißen. Die Darbietung wurde abgebrochen, und als nächstes traten Doris Gratiaen und Dorothy Clementi-Smith mit einer Nummer auf, die »Tanzende Bronzefiguren« betitelt war. Sie trugen Badeanzüge und hatten sich mit Goldfarbe bemalt. Der Tanz war sehr hübsch, doch die Goldfarbe löste eine Allergie aus, und am nächsten Tag waren die Mädchen über und über mit einem fürchterlichen roten Ausschlag bedeckt.

Mein Vater sah die beiden zum erstenmal in den Gärten des Deal Place tanzen. Er fuhr von seinem Elternhaus in Kegalle hinunter nach Colombo, wohnte in der Kaserne der ceylonesischen Leichten Infanterie, verbrachte die Tage mit Noel und schaute den zwei Mädchen beim Üben zu. Man erzählt sich, er sei in *beide* verschossen gewesen, doch Noel heiratete Dorothy, als sich mein Vater mit Noels Schwester verlobte. Wohl mehr, um meinem Vater Gesellschaft zu leisten als aus irgendeinem anderen Grund, war Noel ebenfalls in die ceylonesische Leichte Infanterie eingetreten. Diese Verlobung meines Vaters war nicht so populär wie jene mit Kaye Roseleap. Er kaufte Doris Gratiaen einen Verlobungsring mit einem riesigen Smaragd und belastete damit das Konto seines Vaters. Sein Vater weigerte sich, zu zahlen, und mein Vater drohte damit, sich zu erschießen. Schließlich wurde der Ring von der Familie bezahlt.

Mein Vater hatte in Kegalle nichts zu tun. Es war zu weit weg von Colombo und seinen neuen Freunden. Seine Stellung in der Leichten Infanterie brachte nur wenige Pflichten mit sich, war fast ein Hobby. Oft fiel ihm mitten während einer Party in Colombo plötzlich ein, daß er diese Nacht der Offizier vom Dienst war, und er fuhr mit einer Wagenladung voller Männer und Frauen, die ein Mitternachtsschwimmen bei Mount Lavinia planten, in die Garnison, stieg im Abendanzug aus, inspizierte die Wachen, sprang zurück in den Wagen voller lachender und betrunkener Freunde und verschwand. Aber in Kegalle war er frustriert und einsam. Einmal bekam er den Wagen und wurde gebeten, Fisch zu besorgen. Vergiß bloß den Fisch nicht! sagte seine Mutter. Zwei Tage später traf bei seinen Eltern ein Telegramm aus Trincomalee ein, meilenweit entfernt am Nordende der Insel, in dem stand, daß er den Fisch habe und bald zurück sei.

Mit seinem ruhigen Leben in Kegalle war es allerdings vorbei, als Doris Gratiaen ihm schrieb, sie wolle die Verlobung lösen. Es gab kein Telefon, was also hieß, daß man nach Colombo fahren mußte, um herauszufinden, was los war. Doch mein Großvater, der wegen des Ausflugs nach Trincomalee tobte, verweigerte ihm den Wagen. Schließlich bot ihm Aelian, der Bruder seines Vaters, eine Mitfahrgelegenheit. Aelian war ein freundlicher und umgänglicher Mensch, und mein Vater war gelangweilt und außer sich. Die Kombination erwies sich beinahe als Katastrophe. Mein Vater war sein Lebtag noch nie an einem Stück nach Colombo gefahren. Es gab eine Reihe von Rasthäusern, an denen man anhalten mußte, also war Aelian gezwungen, alle zehn Meilen einzukehren und einen Drink zu nehmen, zu höflich, sich seinem Neffen zu widersetzen. Als sie in Colombo ankamen, war mein Vater sehr betrunken und Aelian ein wenig, und es war ohnehin zu spät, um Doris Gratiaen aufzusuchen. Mein Vater zwang seinen Onkel, in der Messe der Infanteriegarnison zu bleiben. Nach einer ausgedehnten Mahlzeit und noch mehr Alkohol erklärte mein Vater, daß er sich jetzt erschießen müsse, weil Doris die Verlobung gelöst habe. Aelian hatte allergrößte Mühe, besonders weil er selbst ziemlich betrunken war, alle Gewehre in der Kaserne der ceylonesischen Leichten Infanterie zu verstecken. Am nächsten Tag wurden die Probleme gelöst, und sie verlobten sich erneut. Sie heirateten im darauffolgenden Jahr.

11. April 1932

»Ich erinnere mich noch an die Hochzeit ... Sie sollten in Kegalle heiraten, und wir fuhren zu fünft in Erns Fiat. Auf halbem Weg zwischen Colombo und Kegalle stießen wir auf einen Wagen, der im Graben gelandet war, und daneben stand der Bischof von Colombo, der, wie jedermann wußte, ein miserabler Fahrer war. Er sollte die beiden trauen, also mußten wir ihn mitnehmen.

Zuerst einmal mußte sein Gepäck sorgfältig verstaut werden, weil seine Robe nicht zerknittern durfte. Dann seine Mitra und das Szepter und diese speziellen Schuhe und was nicht alles. Und weil wir so wenig Platz hatten und ein Bischof bei niemandem auf dem Schoß sitzen konnte – und eigentlich auch niemand auf dem Schoß eines Bischofs –, mußten wir *ihn* den Fiat lenken lassen. Wir saßen den Rest der Fahrt über zusammengequetscht da und hatten furchtbare Angst!«

Flitterwochen

Die Nuwara-Eliya-Tennismeisterschaften waren vorüber, und in Colombo setzte der Monsun ein. Die Schlagzeile in den lokalen Blättern lautete: »Lindberghs Baby gefunden – tot!« Fred Astaires Schwester Adele heiratete, und der 13. Präsident der Französischen Republik wurde von einem Russen erschossen. Die Leprakranken von Colombo traten in den Hungerstreik, eine Flasche Bier kostete eine Rupie, und verwirrende Gerüchte besagten, daß Damen in Wimbledon in Shorts spielen würden.

In Amerika versuchten noch immer Frauen, die Leiche Valentinos aus seinem Sarg zu stehlen, und eine Frau in Kansas ließ sich von ihrem Mann scheiden, weil der sie nicht in der Nähe des Valentino-Mausoleums wohnen lassen wollte. Der berühmte Impresario C. B. Cochran erklärte, daß »das ideale Mädchen von heute – die Venus unserer Tage – weder dünn noch mollig sein dürfe, sondern die Formen eines Windhundes haben müsse«. Es ging das Gerücht, daß die Zahl der Pythons in Afrika abnehme.

Charlie Chaplin besuchte Ceylon. Er mied die Öffentlichkeit und wurde nur dabei gesehen, wie er kandysche Tänze beobachtete und fotografierte. Die Filme, die in den Kinos von Colombo gezeigt wurden, waren »Love Birds«, »Caught Cheating« und »Forbidden Love«. In der Mandschurei wurde gekämpft.

Historische Beziehungen

Die frühen zwanziger Jahre waren eine geschäftige und kostspielige Zeit für meine Großeltern. Den größten Teil des Jahres verbrachten sie in Colombo, und in den heißen Monaten April und Mai zogen sie nach Nuwara Eliya. In diversen Tagebüchern der Familie gibt es Hinweise auf die Zeit, die man im »Hochland« verbrachte, weit weg von der Hitze im Flachland. Automobile verließen Colombo und legten die ermüdende Fünf-Stunden-Fahrt mit kochenden Kühlern zurück, während sie die kurvenreiche Straße in die Berge hinauffuhren. Bücher und Pullover und Golfschläger und Gewehre wurden in Koffern verstaut, Kinder aus der Schule genommen, Hunde gebadet und für die Fahrt vorbereitet.

Nuwara Eliya war eine andere Welt. Dort schwitzte man nicht, und nur wer Asthma hatte, versuchte, seine Ferien anderweitig zu verbringen. Bei einer Höhe von zweitausend Metern konnten die Familien sich auf ständige Partys, Pferderennen, das Ceylonesische Tennisturnier und richtiges Golfspiel freuen. Obwohl die besten singhalesischen Tennisspieler ihre Wettkämpfe im Hochland austrugen, fuhren sie doch zurück nach Colombo, wenn sie gegen Champions aus anderen Ländern spielen sollten – weil die unmäßige Hitze die Besucher mit Sicherheit zugrunde richtete. Also zogen meine Großeltern und ihr Freundeskreis nach Nuwara Eliya, während Monsun und Hitze in die verlassenen Häuser in Colombo einzogen. Sie tanzten in großen Wohnzimmern zur Musik eines Bijou-Moutrie-Pianos, während die Kaminfeuer in allen Zimmern knisterten, oder lasen an ruhigen Abenden auf der mondbeschienenen Veranda und schnitten die Seiten auf, während sie sich in einem Roman voranarbeiteten.

Die Gärten waren voller Zypressen, Rhododendren, Fingerhutstauden, weißen Lilien und Wicken; Familien wie die van Langenbergs, die Vernon Dickmans, die Henry de Mels und die Philip Ondaatjes waren dort. Es gab zufällige Tragödien. Jessica, Lucas Cantleys Frau, starb beinahe, nachdem sie von einem unbekannten Schützen angeschossen worden war, während sie mit meinem Großvater Krocket spielte. Sie entfernten ihr 113 Schrotkörner. »Und der arme Wilfred Bartholomeusz, der riesige Zähne hatte, wurde auf der Jagd getötet, weil einer seiner Kameraden ihn mit einem wilden Eber verwechselte.« Die meisten Männer gehörten der Reserve der Leichten Infanterie an und liehen sich Gewehre aus, wenn sie in Ferien fuhren.

Es war in Nuwara Eliya, als Dick de Vos mit seiner Frau Etta tanzte, die dabei der Länge nach auf den Boden fiel; sie hatte seit Jahren nicht mehr getanzt. Er hob sie auf, setzte sie in einen Korbsessel, ging zu Rex Daniels und sagte: »Jetzt weißt du, warum ich das Tanzen aufgegeben und mit dem Trinken angefangen habe.« Jeden Morgen gingen die Männer auf eine Partie Billard in den Club. Sie trafen gegen elf Uhr in kleinen, von Ochsen gezogenen Karren ein und spielten bis zur nachmittäglichen Siesta, während der Punkah, der große Fächer aus Stoff, flatternd über ihnen schwebte und die etwa zwanzig Ochsen draußen im Kreis um das Clubhaus herumstanden und schnaubten. Major Robinson, der Gefängnisdirektor, beaufsichtigte die Turniere.

Im Mai traf der Zirkus in Nuwara Eliya ein. Als einmal die Zirkusbeleuchtung ausfiel, fuhr Major Robinson das Feuerwehrauto ins Zelt und richtete die Scheinwerfer auf den Trapezkünstler, der keine Anstalten machte, mit seiner Darbietung fortzufahren, und mit gespreizten Beinen auf seinem Trapez sitzen blieb. Bei einer Vorstellung einer dieser Wanderzirkusse stand meine Tante Christie (damals erst fünfundzwanzig) auf und ließ sich freiwillig »von einem blutigen Neuling im Artistenberuf« einen Apfel vom Kopf schießen. In derselben Nacht wurde T. W. Roberts von einem Hund ins Bein gebissen, als er mit ihr tanzte. Später stellte sich heraus, daß der Hund die Tollwut hatte, doch da T. W. nach England abgereist war, machte sich keiner die Mühe, ihm dies mitzuteilen. Die meisten nehmen an, daß er überlebt hat. Alle waren dabei. Piggford von der Polizei, Paynter, der Pflanzer, die Finnellis, die Baptistenmissionare waren – »sie war Künstlerin und eine sehr gute Steptänzerin«.

So war Nuwara Eliya in den zwanziger und dreißiger Jahren. Alle waren weitläufig miteinander verwandt und hatten singhalesisches, tamilisches, holländisches, britisches und Mischlingsblut in ihren Adern, das viele Generationen zurückreichte. Es gab eine große soziale Kluft zwischen diesem Kreis und den Europäern und Engländern, die niemals Bestandteil der ceylonesischen Gemeinschaft waren. Die Engländer wurden als Durchreisende betrachtet, als Snobs und Rassisten und hatten nichts mit denen gemein, die hier eingeheiratet hatten und ansässig wurden. Mein Vater behauptete stets, ein ceylonesischer Tamile zu sein, obwohl das etwa drei Jahrhunderte zuvor wohl eher gestimmt hätte. Emil Daniels brachte die Situation für die meisten von ihnen auf den Punkt, als er von einem der britischen Gouverneure nach seiner Nationalität gefragt wurde – »Das weiß Gott allein, Eure Exzellenz.«

Die Ära der Großeltern. Philip Ondaatje soll die größte Sammlung von Weingläsern im Orient gehabt haben; mein anderer Großvater, Willy Gratiaen, träumte von Schlangen. Meine beiden Großmütter führten ein zurückgezogenes Leben, jedenfalls bis zum Tod ihrer Ehemänner. Dann blühten sie auf, besonders Lalla, die es schaffte, alle, die ihr begegneten, zum Chaos zu überreden. Es war Lalla, die uns erzählte, daß die zwanziger Jahre »so kapriziös, so aufregend waren – daß wir immer müde waren«.

Der Krieg
zwischen Männern und Frauen

Jahre später, als Lalla schon beinahe Großmutter war, stand sie auf dem Weg zu einer Party im Regen auf dem Pettah-Markt. An Geld war nicht so leicht zu kommen, und ein Auto besaß sie nicht. Als der Bus kam, drängte sie sich mit den anderen hinein, und nachdem sie zehn Minuten gestanden hatte, fand sie einen Platz, wo drei Personen nebeneinander sitzen konnten. Nach einer Weile legte der Mann neben ihr seinen Arm um ihre Schulter, damit alle mehr Platz hatten.

Allmählich fielen ihr die schockierten Gesichter der Fahrgäste auf, die sie über den Gang hinweg anstarrten. Zuerst sahen sie mißbilligend drein und begannen dann miteinander zu tuscheln. Lalla schaute den Mann an ihrer Seite an, der ein selbstgefälliges Lächeln aufgesetzt hatte. Er schien sich wohl zu fühlen. Dann blickte sie hinunter und bemerkte, daß seine Hand über ihre linke Schulter hinabgeglitten war und ihren Busen drückte. Sie lächelte vor sich hin.

Sie hatte nichts gespürt. Ihre linke Brust war fünf Jahre zuvor entfernt worden, und er hatte angeregt den Schwamm unter ihrem Kleid gestreichelt.

Feurige Jugend

Francis de Saram war der schwerste Fall von Alkoholismus in der Generation meines Vaters, und er, der auch sonst immer der schnellste war, war der erste, der sich ins Grab soff. Er war der engste Freund Noels und meines Vaters und Trauzeuge bei mehreren Hochzeiten, die er zu vermiesen suchte. Ohne jeden Ehrgeiz und voller Großzügigkeit, hatte er all seine Zähne in jungen Jahren verloren – er konnte sich nicht erinnern, wie es dazu gekommen war. Wurde er in einen Streit verwickelt, nahm er seine falschen Zähne heraus und steckte sie in die Gesäßtasche. Eine Zeitlang war er in Lorna Piachaud verliebt und brach während des Empfangs anläßlich ihrer Hochzeit einen Streit nach dem andern vom Zaun. Er griff sogar seine eigene Frau an und beschloß daraufhin, überwältigt von Gewissensbissen, sich in dem Abschnitt des Kandy-Sees zu ertränken, der nur dreißig Zentimeter tief war. Während er auf allen vieren umherkroch, beruhigte H. Francis' Frau, so gut er konnte, »und nahm, soviel er kriegen konnte«. War Francis der exzessive Alkoholiker, so war H. der große Wüstling, sein schwellendes Herz war in ganz Colombo berüchtigt.

Francis und seine Freunde fanden heraus, daß es die billigsten Drinks auf Schiffen gab, weil dort der Schnaps zollfrei war. Unter dem Vorwand, scheidende Verwandte zu besuchen, gingen sie an Bord und stolperten in den frühen Morgenstunden von den Landungsstegen. Normalerweise wurden sie aus der Lounge verwiesen, wenn Noel, der keine einzige Note spielen konnte, anfing, eines seiner spontanen Konzerte zu geben und auf das Klavier einzudreschen. Als sie in einem Fall nachweisen sollten, wen sie an Bord kannten, öffnete mein Vater die erstbeste Kabinentür und behauptete, der schlafende Mann sei sein Freund. Mein Vater trug einen Schlips aus seinen »Cambridge-Tagen«, und der Schläfer, der dies bemerkte, bürgte für ihn, müde wie er war. Sie überredeten den Schläfer, mit in die Bar zu kommen, und mein Vater brachte es fertig, sich an die ganzen Namen aus Cambridge zu erinnern; ihm fielen sogar die Heldentaten des berüchtigten Sharron K. ein, der unter den Insassinnen dreier Colleges viel Unruhe gestiftet hatte.

Eines Nachts kam Mervyn bei uns vorbei und sagte zu Vernon: »Wir fahren alle nach Gasanawa, zieh dich an.« Es war ein Uhr früh. Vernon ging, um seine Sachen zu suchen, und als er zurückkam, fand er Mervyn schlafend in seinem Bett vor. Man konnte ihn unmöglich hochkriegen. Er brauchte einfach nur einen Platz zum Schlafen.

Gasanawa war die Kautschukplantage, auf der Francis arbeitete und die zur Basis für die meisten ihrer Partys wurde. Zwanzig oder dreißig Leute sprangen nach einem Tennismatch oder an einem langweiligen Abend in ihre Autos, und waren die Männer schon zu betrunken, fuhren ein paar von den Frauen. Sie strömten alle nach Gasanawa, wo sie in Hütten schliefen, die Francis zu ebendiesem Zweck errichtet hatte. Wann immer er nüchtern war, versuchte Francis die Plantage in den perfekten Ort für Partys zu verwandeln. Er lebte von Gin, Tonicwasser und Büchsenfleisch. Er war gerade dabei, einen Tennisplatz anzulegen, als ihm sein Boss auftrug, eine ordentliche Straße zu dem Anwesen zu bauen. Francis brauchte drei Jahre dazu, denn in seinem Enthusiasmus baute er sie dreimal so breit wie die Hauptstraße von Colombo.

Selbst heute noch sind die Erinnerungen an Gasanawa geradezu mythisch. »Dort gab es einen hübschen flachen Felsen direkt vor dem Bungalow, wo wir zu importierten Liedern wie ›Moonlight Bay‹ und ›A Fine Romance‹ tanzten.« »A Fine Romance« war das Lieblingslied meiner Mutter. Als sie um die Sechzig war, traf ich sie des öfteren in ihrer Küche an, wo sie vor sich hinträllerte: »*We should be like a couple of hot tomatoes / but you're as cold as yesterday's mashed potatoes*« (Wir sollten wie zwei heiße Tomaten sein / doch du bist kalt wie der gestrige Kartoffelbrei).

So viele Lieder aus jener Zeit hatten mit Hülsenfrüchten, Obst und Getränken zu tun. »Yes, we have no bananas«, »I've got a lovely bunch of coconuts«, »Mung beans on your collar«, »The Java Jive« … Dorothy Clementi-Smith sang die Solo-Strophen von »There is a tavern in the town«, während die andern betrunken in den Refrain einstimmten. Selbst der schüchterne Lyn Ludowyck ließ seine Studien im Stich und fuhr einmal mit hinaus, um sich dort als exzellenter Mime herauszustellen und männliche und weibliche Partien aus italienischen Opern zum besten zu geben, von denen niemand je gehört hatte – so daß alle zunächst dachten, er würde eine singhalesische Baila singen.

Doch meistens perfektionierte man dort auf dem Felsen von Gasanawa den Tango. Leger gekleidete Paare, von einem leichten Schweißfilm bedeckt, wirbelten umher unter dem Mond zu John Bowles' »Rio Rita«, und wieder und wieder wurde das Grammophon von dem betrunkenen Francis aufgezogen. Francis konnte den Tango nur solo tanzen, um den Füßen der Frauen, für die er viel zuviel Respekt hatte, keinen Schaden zuzufügen. Er legte »I kiss your little hand, Madame« auf und imitierte große Leidenschaft für eine unsichtbare Partnerin, küßte die mythische Hand, flehte die Sterne und den Dschungel um sich herum an, ihm Trost für eine unerwiderte abstrakte Liebe zu spenden. Er war ein großartiger Tänzer, besaß aber nur begrenzte Ausdauer. Meist brach er am Ende seiner Darbietung zusammen, und eine Frau setzte sich dann neben ihn und benetzte ihm Kopf und Gesicht mit kaltem Wasser, während die anderen weitertanzten.

Die Partys dauerten bis zum Ende der zwanziger Jahre an, als Francis seine Stelle wegen der allzu splendid gebauten Straße verlor. Um 1935 war er nicht mehr zu retten. Er war jedermanns untadeliger, liebenswürdiger Freund, der, dem man alles verzieh, der bestgekleidete unter ihnen, einige Sekunden vor seinem Tod flüsterte er jemandem ins Ohr, während er einen Fisch in der Hand hielt: »Ein Mann muß unbedingt einen Anzug für jeden Anlaß besitzen.«

Diese Verschwendung von Jugend. Sinnlos vergeudet. Das vergaben sie, und das verstanden sie – besser als alles andere. Nachdem Francis gestorben war, gab es eigentlich keinen Ort mehr, wohin man gehen konnte. Danach folgte anscheinend eine ganze Serie von Hochzeiten. Es hatte gute Zeiten gegeben. »Frauen bekämpften sich gegenseitig wegen mancher Männer wie Frettchen.«

Die Babylon-Rennen

»Der Börsenkrach an der Wall Street hatte furchtbare Auswirkungen bei uns. Die meisten Pferde mußten vom Militär übernommen werden.«

Die einzige Beschäftigung, die einen möglicherweise vom Trinken und Flirten abhalten konnte, war das Wetten. In Indien wettete nur die Aristokratie; auf Ceylon verbrachten Bankiers und Kalkbrenner und Fischhändler und die wohlhabenden Schichten ihre Nachmittage Schulter an Schulter mit zwanghaftem Wetten. Die Beherrscher des Landes glaubten allen Ernstes, daß Wetten Streiks verhinderte; die Männer mußten arbeiten, um wetten zu können.

Wenn man nicht auf Pferde setzte, dann auf Krähen. Eine behinderte Tante, die nicht zum Pferderennen gehen konnte, führte die Mode ein, darauf zu wetten, welche Krähe zuerst von einer Mauer fortflog. Das erwies sich als so populär, daß die Regierung in Betracht zog, eine Prämie auf Krähen auszusetzen. Jedenfalls erwies sich das Wetten auf Vögel als unzuverlässig, kurz nachdem Gertie Garvin eine Krähe abgerichtet hatte. Doch die wirklichen Stars waren bei den Rennen zu finden: Pferde wie »Mordenis«, Jockeys wie »Fordyce«, der Trainer »Captain Fenwick«. Überall auf der Insel gab es Rennplätze. Saß man auf der Tribüne, waren alle Wetten auf fünf Rupien limitiert. Dann gab es die Zwei-Rupien-Umzäunung und schließlich, in der Mitte der Rennbahn, die »Gandhi-Umzäunung«, wo die Ärmsten standen. »Von der Tribüne aus konnte man sie sehen, wie sie gut eine Stunde vor dem letzten Rennen wie die Ameisen davonkrochen, weil sie ihr ganzes Geld verspielt hatten.«

Der gefährlichste Job auf der Rennbahn war der des Starters, und einer der wenigen, die überlebten, war Clarence de Fonseka, der dafür berühmt war, jedes Pferd im ganzen Land auf einen Blick erkennen zu können. Als Starter stellte er sich am äußersten Ende der Bahn auf. Und um den Morddrohungen der Menge in der Gandhi-Umzäunung zu begegnen, hatte Clarence stets sein schnellstes Pferd bei sich. Verlor ein Favorit, stürzte der Mob über das Feld zur Startlinie, um ihn in Stücke zu reißen. Clarence sprang dann auf sein Pferd und galoppierte in einsamer Majestät die Rennstrecke entlang.

Die Rennen gingen jedermann an. Den ganzen August über schloß meine Mutter ihre Tanzschule und ging zu den Rennen. Meine Großmutter Lalla ebenso. Ihr Auftritt bei den Rennen hat sich in den Erinnerungen mehrerer Personen festgesetzt: ein großer Hut, in einem kessen Winkel aufgesetzt, den sie trug ohne Rücksicht auf die Leute hinter sich, eine Hand in die Hüfte gestemmt, eine Hand am Hut und eine blaue Jacarandablüte auf die Schulter ihres staubigen schwarzen Kleids geheftet; dabei blickte sie so hingegeben auf das Drama, das sich auf der hundert Yard langen Strecke abspielte, wie jemand, der sich auf die Ankunft der Weisen aus dem Morgenland vorbereitet. Waren die Rennen vorüber, brachen einzelne Gruppen zum Dinner auf, tanzten bis in den frühen Morgen, gingen schwimmen und frühstückten im Hotel Mount Lavinia. Dann ins Bett bis um zwölf, wenn es wieder Zeit für die Rennen war. Der Höhepunkt der Saison war das Rennen um den Governor's Cup. Selbst während des Krieges durften die Augustrennen nicht verschoben werden. Ceylon hätte an einem Spätnachmittag von feindlichen Truppen besetzt werden können, denn der größte Teil der Leichten Infanterie befand sich in diesen Stunden auf dem Rennplatz.

Viele meiner Verwandten besaßen ein oder zwei Pferde, die den größten Teil des Jahres über komfortabel dahinlebten und für die Augustrennen trainiert wurden. »Dickman Delight«, das Pferd meiner Großmutter, weigerte sich, den Stall zu verlassen, wenn es draußen auch nur im mindesten schlammig war. Sie setzte große Summen auf ihr Pferd, weil sie wußte, daß es eines Tages alle überraschen und gewinnen würde. Als dieser Tag schließlich kam, hielt sich meine Großmutter gerade im Norden auf. Am frühen Morgen erhielt sie ein Telegramm mit folgendem Inhalt: »Rain over Colombo«, »Niederschläge in Colombo«, also setzte sie ihr Geld auf ein anderes Pferd. Dickman Delight galoppierte auf trockenem Turf zum Sieg. Japanische Flugzeuge hatten Galle Face Green in Colombo angegriffen, und der Text hätte lauten sollen: »Raid over Colombo« – »Angriff auf Colombo«. Dickman Delight gewann nie wieder.

Viele versuchten, ein eigenes Pferd zu halten, einige legten gar ihr Geld zusammen, so daß jeder »ein Bein besaß«. Dahinter verbarg sich nicht so sehr der Wunsch, gesunden Pferdeverstand zu beweisen, sondern eher, an dem zeremoniellen Zaumzeug beteiligt zu sein. Percy Lewis de Soysa zum Beispiel wählte seine Farben, Gold und Grün, sehr sorgfältig aus. In seiner Jugend hatte er einmal mit Erfolg eine Dame in einem Restaurant in Cambridge bezirzt, hatte eine Flasche Champagner bestellt und ihr am Ende des Abends zugeflüstert, daß er seine Rennfarben nach dem Flaschenetikett wählen würde, sollte er jemals ein Rennpferd besitzen. »Searchlight Gomez« wählte seine Farben, Rosa und Schwarz, nach der Unterwäsche einer gewissen Lady und war stolz darauf.

Das ganze Jahr über gab es Rennen. Das Monsun-Rennen im Mai, das Hakgalle-Rennen in Februar, der Nuwara-Eliya-Cup im August. Einige Pferde waren so überzüchtet, daß sich die Jockeys nicht mehr versichern lassen konnten. Die Babylon-Rennen wurden verboten, nachdem es einem Pferd, »Forced Potato«, gelungen war, einen Jockey zu beißen und dann über die Absperrung zu springen, um in der johlenden Gandhi-Umzäunung so viele Menschen wie möglich zu attackieren. Aber die Jockeys profitierten auch nebenbei. Das Wetten war in manchen Familien ein so wichtiger Bestandteil des Budgets, daß semirespektable Frauen mit Jockeys schliefen, um so näher an das »Maul des Pferdes«, das heißt an die einschlägigen Informationen heranzukommen.

Gab es mit dem Mob oder den Pferden keine Probleme, dann gab es welche mit dem *Searchlight*, dem »Scheinwerfer«, einem Magazin, das der berüchtigte Mr. Gomez herausgab. »Eines dieser vulgären Dinge«, griff es Starter, Trainer und Besitzer gleichermaßen an und lieferte Gerüchte, die zwischen den Rennen sorgsam studiert wurden. Keiner wollte darin erscheinen, und jeder kaufte es. Es kostete nur fünf Cents, blieb aber solvent, weil das schlimmste Material nur durch Bestechung des Herausgebers entschärft werden konnte. »Searchlight Gomez« landete einmal im Gefängnis, und zwar, weil er einen zu guten Witz gemacht hatte. Jede Januarausgabe enthielt einen Artikel über die Ereignisse des kommenden Jahres. In einem Jahr führte er unter dem 3. Oktober den alljährlichen Brand bei Hayley und Kenny auf. Dieser unverschämte, aber akkurate Hinweis auf die Art, wie die Feuerversicherung herhalten mußte, um für schleppende Geschäfte zu entschädigen, wurde nicht gutgeheißen, und man verklagte ihn.

Die Gasanawa-Gruppe versuchte, bei allen Rennen dabeizusein. Im Dezember fuhren sie hinunter nach Galle

Gymkhana, hielten unterwegs, um Austern zu bestellen und bei Ambalangoda zu baden. »Sissy«, Francis' Schwester, »ertrank dabei jedesmal um ein Haar, denn sie war eine Exhibitionistin«. Die Männer trugen Tweed, die Frauen ihre besten Krinolinen. Nach den Rennen kehrten sie nach Ambalangoda zurück, holten ihre Austern ab, »die wir mit Wein runterspülten, wenn wir verloren, und mit Champagner, wenn wir gewonnen hatten«. Paare fanden sich zusammen, scheinbar ganz zufällig oder mit komplizierten Manövern, und tanzten lustlos neben den Autos zur Musik des tragbaren Grammophons. Ambalangoda war das Zentrum der Teufelstänze und Exorzismusrituale, doch diese verhexte Gruppe gehörte zu einer anderen verlorenen Welt. Die Männer schmiegten das Kinn an die glatten Hälse der Frauen, tanzten ein oder zwei Walzer, schoben Austern in den Mund ihrer Partnerinnen. In den Wellen am Strand sammelten sich Champagnerkorken. Männer, die ein Vermögen verspielt hatten, lachten wild in die Nacht hinaus. Eine Frau aus dem Dorf, die mit einem Korb Ananas angetroffen worden war, wurde überredet, sie gegen eine Uhr einzutauschen, die sich jemand vom Handgelenk zog. Um Mitternacht begannen im Landesinneren die Teufelstänze, Trommeln zerteilten die Nacht. Lastwagen, die die Pferde zum nächsten Rennen brachten, blendeten ihre Scheinwerfer auf, als sie die Gruppe am Straßenrand passierten. Die Pferde, die Trommler, alles schien einen Zweck zu verfolgen. Die Teufelstänze heilten Krankheiten, Katarrh, Taubheit, Einsamkeit. Hier begleitete das Grammophon Verführung oder Erregung, sprach von Wiesen und »spanischen Städtchen« oder »einem kleinen Hotel«, einem »blauen Zimmer«.

Eine Hand stützte den Absatz einer Frau, die auf einen Baum klettern wollte, um die Sterne besser sehen zu können. Die Männer lachten in ihre Gläser. Dann gingen sie alle wieder im Schutz der Dunkelheit schwimmen. Ein Arm berührte ein Gesicht. Ein Fuß berührte einen Bauch. Sie hätten ertrinken oder sich verlieben können, und ihr Leben hätte sich an jedem einzelnen dieser Abende völlig verändert.

Dann, als alle völlig betrunken waren, raste die Kolonne der Wagen zurück nach Gasanawa, fuhr im Mondlicht gegen Frangipanisträucher und Mandelbäume oder kam von der Straße ab und versank langsam bis zu den Türgriffen in einem Reisfeld.

Tropischer Klatsch

»Liebling, komm schnell her. Da ist was
passiert hinter dem Ténnisplatz. Ich glaube,
Frieda ist ohnmächtig geworden. Schau –
Craig hebt sie hoch.«
»Nein, Liebling, laß sie in Ruhe.«

Es scheint, als hätte sich der Großteil meiner Verwandten
zum einen oder anderen Zeitpunkt zu jemand Unpassen-
dem hingezogen gefühlt. Liebesaffären wölbten sich über
Hochzeiten wie Regenbögen und hielten ewig – so daß es
häufig so schien, als sei die Ehe der größere Treubruch. Von
den zwanziger Jahren bis zum Krieg brauchte niemand
wirklich erwachsen zu werden. Alle miteinander blieben
sie ausgelassen und verzogen. Erst in der zweiten Hälfte ihres Lebens wandte sich die Generation meiner Eltern
plötzlich der richtigen Welt zu. Jahre später zum Beispiel
kehrte mein Onkel Noel als Anwalt der Krone nach Ceylon zurück, um sich für das Leben von Freunden aus seiner
Jugendzeit einzusetzen, die versucht hatten, die Regierung
zu stürzen.

Doch zuvor, in ihrer feurigen Jugend, formte diese Ener-
gie komplexe Beziehungen, auch wenn ich noch immer
nicht den Geheimcode entziffern kann, wie »interessiert
aneinander« oder »angezogen voneinander« sie waren. Die
Wahrheit verschwindet mit der Geschichte, und Klatschge-
schichten erzählen uns letzten Endes nichts über persönliche Beziehungen. Da gibt es Geschichten von gemeinsa-
mer Flucht, unerwiderter Liebe, Familienfehden und sich
lang hinziehenden Vendetten, in die jeder hineingezogen

wurde, an denen jeder beteiligt sein mußte. Doch niemand spricht von der Nähe zwischen zwei Menschen: wie sie im Schatten der Anwesenheit des anderen wuchsen. Man erfährt nichts über diesen Austausch von Talent und Charakter – der Art, wie sich jemand das Lächeln des geliebten Menschen zu eigen machte und an sich selbst wahrnahm. Einzelne Personen werden nur im Zusammenhang mit den hin- und herflutenden gesellschaftlichen Gezeiten gesehen. Es war für ein Paar fast unmöglich, irgend etwas zu tun, ohne daß Gerüchte von ihren Schultern aufflogen wie ein Schwarm Brieftauben.

Wo bleibt das Intime und Wahre in all dem? Teenager und Onkel. Ehemann und Liebhaber. Ein verlorener Vater in seinem Trost. Und warum will ich von dieser Intimität wissen? Nach all den Tassen Tee, Kaffee, den Unterhaltungen in der Öffentlichkeit ... Ich möchte mich mit jemandem hinsetzen und in völliger Offenheit reden, möchte zu all dieser verlorenen Vergangenheit sprechen wie jener würdige Liebhaber.

Kegalle (1)

Philip, mein Großvater väterlicherseits, war ein strenger, zurückhaltender Mann. Die meisten zogen ihm seinen Bruder Aelian vor, der gutmütig und jedermann gern behilflich war. Beide waren Anwälte, doch mein Großvater verdiente nebenher ein Vermögen mit Grundstückspekulationen und setzte sich wie angekündigt mit Vierzig zur Ruhe. Er baute den Familiensitz »Rock Hill« auf einem besonders schönen Stück Land mitten im Zentrum der Stadt Kegalle.

»Dein Großonkel Aelian war ein sehr großzügiger Mensch«, sagt Stanley Suraweera. »Ich wollte Latein lernen, und er bot mir an, mich von vier bis fünf Uhr früh zu unterrichten. Ich fuhr jeden Tag mit dem Ochsenkarren zu seinem Haus, und er war auf und wartete auf mich.« In späteren Jahren hatte Aelian mehrere schwere Herzanfälle. In einem Krankenhaus bekam er so viel Morphium, daß er danach süchtig wurde.

Mein Großvater verbrachte den größten Teil seines Lebens in Rock Hill und kümmerte sich nicht um Kegalles bessere Gesellschaft. Er war ungeheuer reich. Die meisten hielten ihn für einen Snob, doch er war ein liebevoller Familienvater. Die ganze Familie pflegte sich morgens und abends Küsse zu geben, eine feste Tradition im Hause –

gleich, welches Chaos mein Vater zu jener Zeit auch anrichtete. Familienstreitigkeiten wurden vor dem Zubettgehen begraben und als allererstes am Morgen erneut begraben.

Hier also war »Bampa«, wie ihn alle nannten, entschlossen, ein guter Vater und Patriarch zu sein, breitete seinen schützenden Arm über seinen beliebteren Bruder Aelian aus und herrschte in seinem Reich – Hektar besten Landes im Herzen Kegalles. Er war dunkel und seine Frau sehr weiß, und ein Rivale um die Hand meiner Großmutter hatte die Bemerkung fallenlassen, er hoffe, ihre Kinder würden gestreift sein. Die ganze Familie lebte in Furcht und Schrecken vor ihm. Selbst seine willensstarke Frau konnte erst nach seinem Tode aufblühen. Wie andere Ondaatjes hatte auch Bampa die Schwäche, sich als »Engländer« zu geben, und in seinen gestärkten Kragen und grauen Anzügen war er entschlossen, britischen Sitten treu zu bleiben. Mein Bruder, der damals erst vier Jahre alt war, erinnert sich noch an die entsetzlich strikten Mahlzeiten in Rock Hill, bei denen Bampa an einem Ende des Tisches mit den Zähnen knirschte – als würden seine sorgsam entwickelten Zeremonien von einer willensschwachen Familie unterwandert. Nur an den Nachmittagen, wenn er in Sarong und Weste über seinen Besitz spazierte (Teil einer geheimnisvollen Kur gegen Diabetes), schien er ein wirklicher Bestandteil der Landschaft um ihn herum zu sein.

Alle zwei Jahre besuchte er England, kaufte Kristallglas ein und lernte die neuesten Tänze. Er war ein perfekter Tänzer. Zahlreiche Tanten erinnern sich daran, daß er sie in London ausführte und großen Spaß daran hatte, die neuesten Tanzschritte mit natürlicher Ungezwungenheit zu vollführen. Zu Hause gab es genug, um sich zu sorgen. Da war Aelian, der ständig sein Geld für kirchliche Zwecke verschenkte, der Cousin, der von seinem unterernährten Rennpferd zu Tode getrampelt wurde, und vier vom

Schicksal benachteiligte Schwestern, die heimlich tranken. Die meisten Ondaatjes liebten den Alkohol, manchmal bis zum Exzeß. Die meisten waren Choleriker – wenn sie auch, sooft es nur ging, Diabetes dafür verantwortlich machten. Und die meisten waren geradezu genetisch angezogen von einer Familie namens Prins und mußten von einer Heirat abgehalten werden – denn die Prins zogen das Unglück an, wohin sie auch gingen.

Mein Großvater starb vor dem Krieg, und noch Monate später sprach man empört und neidisch von seinem Begräbnis. Er glaubte, alles gut vorbereitet zu haben. Alle Frauen trugen lange schwarze Kleider, und der importierte Champagner wurde heimlich aus Teetassen getrunken. Doch seine Hoffnung auf einen würdevollen Abgang schlug fehl, noch bevor er unter der Erde war. Seine vier Schwestern und meine gerade befreite Großmutter stritten sich lautstark darüber, ob man den Männern, die den Sarg den steilen Hang zum Friedhof hinauftrugen, zwei oder drei Rupien geben solle. Peinlich berührte Trauergäste, die aus Colombo gekommen waren, warteten so still wie mein ausgestreckt daliegender Großvater, während der Streit von einem Raum in den nächsten und durch die Gänge von Rock Hill wogte. Meine Großmutter zog wütend ihre langen schwarzen Handschuhe aus und weigerte sich, mit der Zeremonie fortzufahren, zog sie dann aber mit Hilfe einer Tochter wieder an, als es schien, die Leiche würde nie mehr aus dem Haus kommen. Mein Vater, der das Kühlen des Champagner beaufsichtigte, war nirgendwo zu sehen. Meine Mutter und Onkel Aelian zogen sich in einem Lachanfall unter den Mangostanbaum im Garten zurück. All das geschah am Nachmittag des 12. September 1938. Aelian starb im April 1942 an seinem Leberleiden.

* * *

Die nächsten zehn Jahre wurde Rock Hill nur selten von meiner Familie genutzt, und mein Vater kehrte ein paar Jahre lang gar nicht dorthin zurück. Zu der Zeit waren meine Eltern geschieden, und mein Vater hatte verschiedene Jobs verloren. Bampa hatte das Land seinen Enkelkindern vermacht, aber mein Vater verkaufte oder verschenkte Grundstücke, wann immer er es für nötig erachtete, so daß langsam am Rand des Anwesens Häuser errichtet wurden. Mein Vater kehrte in den späten vierziger Jahren allein nach Kegalle zurück und fing an, sich mit Landwirtschaft zu beschäftigen. Zu der Zeit lebte er ganz bescheiden und hielt sich von seinem früheren Freundeskreis fern, und meine Schwester Gillian und ich verbrachten den größten Teil unserer Ferien bei ihm. Um 1950 herum hatte er ein zweites Mal geheiratet und lebte mit seiner Frau und seinen beiden Kindern aus zweiter Ehe, Jennifer und Susan, zusammen.

In jenen späteren Jahren konzentrierte er sich auf die Hühnerzucht. Seine Trunksuchtsanfälle traten etwa alle zwei Monate auf. Dazwischen rührte er kein Glas an. Dann bot ihm jemand einen Drink an, er nahm ihn und konnte oder wollte dann drei oder vier Tage lang nicht mehr aufhören. In dieser Zeit konnte er nichts anderes tun als trinken. Humorvoll und freundlich in nüchternem Zustand, war er wie ausgewechselt und tat alles, um an Alkohol zu kommen. Er konnte nichts essen, mußte ständig eine Flasche bei sich haben. Hatte Maureen, seine zweite Frau, eine Flasche versteckt, holte er sein Gewehr hervor und drohte damit, sie umzubringen. Er wußte selbst in nüchternem Zustand, daß er wieder trinken mußte, und versteckte deshalb überall auf dem Grundstück Flaschen. Selbst im Vollrausch erinnerte er sich noch, wo die Flaschen waren. Er ging in den Hühnerstall, wühlte unter dem Stroh und zog eine halbe Flasche hervor. Die Zementnischen an der Hausseite steckten so voller Flaschen, daß das Haus von der Seite wie ein Weinkeller aussah.

An solchen Tagen redete er mit niemandem, obwohl er Freunde erkannte und genau wußte, was vor sich ging. Er mußte im Vollbesitz seiner geistigen Kräfte sein, um sich genau daran zu erinnern, wo die Flaschen waren, und um seine Frau und seine Familie austricksen zu können. Niemand konnte ihn aufhalten. Hatte Maureen es geschafft, die Ginflaschen zu vernichten, die er versteckt hatte, dann trank er Methylalkohol. Er trank, bis er zusammenbrach und in Ohnmacht fiel. Dann wachte er auf und trank weiter. Er aß noch immer nichts. Schlief. Stand auf, genehmigte sich noch einen Drink, und dann war er fertig. Zwei Monate lang trank er nicht, bis zum nächsten Anfall.

An dem Tag, als mein Vater starb, befand sich Stanley Suraweera, der mittlerweile Anwalt in Kegalle war, im Gerichtssaal, als ihm ein Bote folgende Nachricht brachte:

Mervyn ist tot umgefallen. Was soll ich tun? Maureen.

* * *

Wir hatten drei Tage bei meiner Halbschwester Susan in Upcot, in der schönen Landschaft mit den Teeplantagen, verbracht. Auf dem Rückweg nach Colombo fuhren wir über den Kadugannawa-Paß und hielten in Kegalle. Die alte hölzerne Brücke, über die nur mein Vater ohne Angst fuhr (»Gott liebt die Betrunkenen«, sagte er zu allen, die neben ihm saßen und bleich vor Angst waren), war durch eine aus Beton ersetzt worden.

Was uns als wunderbar geräumiges Haus vorgekommen war, war nun klein und dunkel und verschwamm in der Landschaft. Eine singhalesische Familie bewohnte Rock Hill. Nur der Mangostanbaum, in dem ich, wenn die

Früchte reif waren, als Kind praktisch gelebt hatte, war üppig und kräftig. Hinter dem Haus lehnte noch immer der Kitulbaum gegen die Küche – groß, mit kleinen gelben Beeren, die das Frettchen so liebte. Einmal die Woche kletterte es hinauf und brachte den Morgen beerenfressend zu und stieg betrunken hinab, stolperte über den Rasen und riß Blumen aus oder kam ins Haus und warf Schubladen voller Bestecke und Servietten um. Ich und mein Frettchen, sagte mein Vater, als sie einmal gleichzeitig betrunken waren und er Lieder anstimmte – Baila oder herzzerreißende Rodgers-und-Hart-Songs oder seine eigene Version von »My Bonnie Lies over the Ocean« –

> My whiskey comes over the ocean
> My brandy comes over the sea
> But my beer comes from F. X. Pereira
> So F. X. Pereira for me.
> F. X. … F. X. …
> F. X. Pereira for me, for me…

Er tauchte aus seinem Schlafzimmer auf, um den zu verfluchen, der da Klavier spielte, fand das Haus leer vor – Maureen und die Kinder waren fort –, und das Frettchen wanderte die Tasten rauf und runter, durchbrach die Stille im Haus und nahm keinerlei Kenntnis von seinem menschlichen Publikum; und mein Vater wollte diese Kameradschaft feiern und merkte, daß alle Flaschen verschwunden waren, fand keine einzige, ging schließlich zur Petroleumlampe, die in Kopfhöhe in der Mitte des Zimmers hing, und goß *diese* Flüssigkeit hinunter. Er und sein Frettchen.

Gillian erinnerte sich an einige der Stellen, an denen er die Flaschen versteckte. Hier, sagte sie, und hier. Ihre Familie und meine Familie wanderten durchs Haus, durch den heruntergekommenen Garten mit den Guajaven- und Pisangbäumen und den alten, vergessenen Blumenbeeten. Für welches »Reich« mein Großvater auch immer gekämpft hatte, es war vollständig versunken.

Erzähl mir nichts von Matisse

Tabula Asiae

An den Wänden im Haus meines Bruders in Toronto hängen die falschen Karten. Alte Porträts von Ceylon. Das Ergebnis von oberflächlichen Wahrnehmungen, flüchtigen Blicken von Handelsschiffen aus, Resultat der Theorien des Sextanten. Die Formen unterscheiden sich so sehr, daß sie wie Übersetzungen erscheinen – Ptolemäus, Mercator, François Valentyn, Mortier und Heydt –, die aus mythischen Formen schließlich ins Akkurate übergehen. Amöbe, dann feistes Rechteck und dann die Insel, wie wir sie jetzt kennen, ein Ring am Ohr Indiens. Drum herum ein blaugekämmter Ozean voller Delphine und Seepferdchen, mit Cherub und Kompaß. Ceylon schwimmt auf dem Indischen Ozean und enthält seine naiven Berge, Zeichnungen von Kasuar und Wildschwein, die ohne Perspektive über ein imaginäres »desertum« und eine imaginäre Ebene springen.

Am Rand der Karten sind wilde Elefanten mit Pantoffeln an den Füßen dargestellt, eine weiße Königin, die den Eingeborenen, die Stoßzähne und eine Muschel tragen, eine Halskette darbietet, ein Maurenkönig, der sich inmitten der Macht von Büchern und Rüstungen erhebt. In der südwestlichen Ecke einiger Karten finden sich Satyrn, huftief in Schaum, die dem Klang der Insel lauschen, während ihre Schwänze sich in den Wellen winden.

Die Karten verdeutlichen Gerüchte der Topographie, Invasionsrouten und Handelswege, und die dunklen, wahnwitzigen Phantasien aus Reiseberichten tauchen in vielen arabischen, chinesischen und mittelalterlichen Aufzeichnungen auf. Die Insel verführte ganz Europa. Die Portugiesen. Die Holländer. Die Engländer. Und so änderte sich ihr Name ebenso wie ihre Form – Serendip, Ratnapida (»Insel der Edelsteine«), Taprobane, Zeloan, Zeilan, Seyllan, Ceilon und Ceylon –, eine Frau mit vielen Ehen, von Invasoren umworben, die an Land kamen und mit der Macht ihres Schwerts, ihrer Bibel oder ihrer Sprache alles für sich beanspruchten.

Nachdem seine Form einmal feststand, verwandelte sich dieser Ohrring in einen Spiegel. Er gab vor, jede europäische Macht zu reflektieren, bis neue Schiffe ankamen und ihre Nationalitäten, von denen einige blieben und einheirateten, sich über das Land verteilten – mein eigener Vorfahr kam um 1600, ein Arzt, der die Tochter des Gouverneurs mit einem merkwürdigen Kraut heilte und mit Land, einer fremden Frau und einem neuen Namen belohnt wurde, der die holländische Version seines eigenen war. Ondaatje. Eine Parodie auf die Herrschaftssprache. Und als seine holländische Frau starb, heiratete er eine Singhalesin, hatte neun Kinder und blieb. Hier. Im Zentrum der Gerüchte. An diesem Punkt auf der Karte.

Die Kirche
des heiligen Thomas

In Colombo blickt eine Kirche westwärts aufs Meer hinaus. Wir fahren die Reclamation Street entlang, vorbei an Märkten und Läden. Die Kirche vor uns ist in einem schmutzigen Blaßblau gestrichen. Unter uns läßt ein Öltanker den Hafen und die Geschäfte liliputanisch erscheinen. Wir steigen aus, gefolgt von den Kindern. Ein etwa vier Meter breiter Pfad, von Pisangbäumen gesäumt. Die gotische Tür erweckt, als wir sie öffnen, wie alle Kirchentüren den Eindruck, als liefe sie auf Rollen. Im Innern dann Holzbänke und ihre geometrischen Schatten und Steinfußböden, die unter den nackten Füßen der Kinder wispern. Wir verteilen uns.

Nach all diesen Generationen zwingt uns die hereinbrechende Dunkelheit, schnell zu gehen, damit wir die Bronzeplatten an den Wänden lesen können. Die ersten sind zu neu, neunzehntes Jahrhundert. Dann, bei der Altarschranke, sehe ich es – in den Steinboden gehauen. Auf dem Fußboden einer Kirche zu knien, die 1650 errichtet wurde, und seinen Namen in so großen Buchstaben eingeritzt zu sehen, daß er von den Fingerspitzen bis zum Ellbogen reicht, macht auf eigentümliche Weise alle Eitelkeit zunichte, tilgt das Persönliche. Es verwandelt die eigene Geschichte in ein Gedicht. So drückte der Laut, den ich unwillkürlich hervorbrachte, als ich, vor Staunen nach Luft schnappend, meine Schwester rief, die ganze Erregung angesichts des Eindrucks der Winzigkeit aus und des Gefühls, von Stein überwältigt zu werden.

Was mich rettete, war der Mangel an Licht. Die Grabplatte war etwa anderthalb Meter lang, einen Meter breit, ein Gutteil war abgetreten. Wir blieben in diesem verdämmernden Licht knien, baten die Kinder, ihre Schatten zur Seite zu bewegen, und beugten den Kopf schräg, um die kaum noch sichtbaren Kanten der Buchstaben zu erhaschen, die von den vielen Füßen abgewetzt worden waren. Das Licht fiel wie feiner Sand auf die ziselierte Fläche. Rechts neben dem Stein war noch einer; ohne ihn zu bemerken, hatten wir darauf gestanden, als stünden wir in jemandes Schußfeld. Gillian schrieb auf einen braunen Umschlag, während ich las:

> *In Erinnerung an Natalia Asarrapa – Frau des Philip Jurgen Ondaatje. Geboren 1797, verheiratet 1812, gestorben 1822 im Alter von 25 Jahren.*

Sie war fünfzehn! Das kann nicht stimmen. Muß aber. Fünfzehn, als sie heiratete, und fünfundzwanzig, als sie starb. Vielleicht war das die erste Frau – bevor er Jacoba de Melho heiratete? Wahrscheinlich ein anderer Zweig unserer Familie.

Wir tragen sechs Kirchenregister hinaus ins letzte Sonnenlicht, setzen uns auf die Stufen des Pfarrhauses und beginnen zu lesen. Blättern in den alten Seiten und wenden sie wie alte Blattgeripppe. Die schwarze Schrift muß schon vor über hundert Jahren braun geworden sein. Die dicken Seiten waren stockfleckig und wiesen Spuren der Zerstörung durch Silberfischchen auf, Narben auf den unbefleckten Aufzeichnungen der lokalen Geschichte und den formellen Unterschriften. Wir hatten nicht erwartet, hier mehr als einen Ondaatje zu finden, doch die Steine und die Seiten sind voll von ihnen. Wir hatten nach dem Reverend Jurgen Ondaatje gesucht – Übersetzer und dann von 1835 bis 1847 Kaplan in Colombo. Doch es scheint, als sei jeder Ondaatje aus einem Umkreis von vielen Meilen hierhergekommen, um getauft und verheiratet zu werden. Als Jurgen starb, nahm sein Sohn Simon seinen Platz ein; er war der letzte tamilische Kolonialkaplan auf Ceylon.

Simon war der älteste von vier Brüdern. Jeden Sonntagmorgen kamen sie mit ihren Frauen und Kindern in Kutschen zu dieser Kirche und zogen sich nach der Messe zu Speis und Trank ins Pfarrhaus zurück. Kurz vor der Mahlzeit artete die Unterhaltung in einen wilden Streit aus, und jeder Bruder verlangte nach seiner Kutsche, stieg mit seiner hungrigen Familie ein und fuhr in sein eigenes Heim zurück, jeder in eine andere Richtung.

Jahrelang versuchten sie, eine gemeinsame Mahlzeit einzunehmen, doch vergeblich. Jeder von ihnen war eine Koryphäe auf seinem Gebiet und offensichtlich zu erzieherisch veranlagt und zu eigenwillig, um seinen Brüdern in welchem Punkt der Diskussion auch immer zuzustimmen. Es gab nichts, worüber man reden konnte, das nicht des anderen Interessengebiet berührte. Ging es um so etwas Harmloses wie Blumen, dann äußerte sich Dr. William Charles Ondaatje, der der Direktor des Botanischen Gartens war, über jede Meinung abfällig und wies die anderen in ihre Schranken. Er hatte den Olivenbaum nach Ceylon eingeführt. Finanzen und Militär war Matthew Ondaatjes Gebiet, Recht und Gelehrsamkeit setzten Philip de Melho Jurgens bissige Zunge in Gang. Der einzige, der volle Freiheit genoß, war Pastor Simon, der in der Predigt sagte, was er wollte, wohl wissend, daß seine Brüder ihn nicht unterbrechen konnten. Ohne Zweifel bekam er gewaltig eins aufs Dach, sobald er das Pfarrhaus nebenan betrat, statt friedlich sein Mittagessen zu sich nehmen zu können, wie er erhofft hatte. Doch wenn es eine Beerdigung oder eine Taufe gab, waren alle Brüder da. Das Kirchenregister weist Simons Namen auf, der all dies mit einer Unterschrift beurkundete, die der meines Vaters sehr ähnlich sieht.

Wir stehen im Zwielicht draußen vor der Kirche. Das Gebäude steht dort seit über dreihundert Jahren, dem Monsun ausgeliefert und den wiederkehrenden Dürreperioden und den Invasionen aus anderen Ländern trotzend. Früher einmal war das Gelände schön. Die Lichter im Hafen unter uns gehen langsam an. Während wir in den Volkswagen steigen, weist meine Nichte auf ein Grab, und ich gehe durch das Gebüsch in meinen Sandalen darauf zu. »Paß auf die Schlangen auf!« Du lieber Gott. Ich mache rasch einen Sprung zurück und steige in den Wagen. Während der fünfminütigen Fahrt zum Haus bricht die Nacht rasch herein. Ich sitze in meinem Zimmer und übertrage Namen und Daten von den verschiedenen Briefumschlägen in ein Notizbuch. Wenn ich fertig bin, wird der unheimliche Augenblick kommen, da ich mir die Hände wasche und deutlich die dunkelgraue Farbe des alten Papierstaubes in den Abfluß rinnen sehe.

Monsuntagebuch (1)

Zu Dschungeln und Grabsteinen ... Ich las eingerissene, hundert Jahre alte Zeitungsausschnitte, die in der Hand zerfallen wie nasser Sand, doch die Information ist unverwüstlich wie Plastikpuppen. Beobachtete langsam trinkende Leoparden, beobachtete die Krähe, die ruhelos auf ihrem Ast saß und sich mit offenem Schnabel umschaute. Sah den Umriß eines großen Fischs, der im Scheitelpunkt einer Welle gefangen wurde und verschwand, war dort, wo kein Mensch Socken trägt, wo man sich die Füße vor dem Zubettgehen wäscht, wo ich meine Schwester betrachtete, die mich abwechselnd an Vater, Mutter und Bruder erinnert. Fuhr durch Regengüsse, die die Straßen für eine Stunde überfluten und plötzlich verdunsten, wo der Schweiß im Gefolge dieses Kugelschreibers fällt, wo im Dunkel des Jeeps die Frucht vom Brotbaum über deine Füße rollt, wo es achtzehn Möglichkeiten gibt, den Geruch eines Durians zu beschreiben, wo Ochsen den Verkehr aufhalten und nach den Regenfällen dampfen.

Setzte mich zum Essen hin und bemerkte, wie der Ventilator in allen Löffeln auf dem Eßtisch kreiste. Und fuhr den Jeep so oft, daß ich nicht einmal Zeit hatte, die Landschaft ereignisschwanger vorbeiziehen zu sehen, denn alles kam direkt auf mich zu und zog wie Schnee an mir vorbei. Die schwarze dicke Feder der Busabgase, bei der jeder sentimental wurde, der Mann, der aus einem Fenster kotzte, das gerade geschlachtete Schwein, dem auf der Canal Road die Borsten geflämmt wurden, und alte Freundinnen aus der Kindheit, die nun auf der anderen Seite des SSC-Swimmingpools ihre Kinder trockenreiben, und meine Uhr, die Meer unter dem Glas ansammelte und des Nachts neben meinem Bett mit Unterwasserphosphor leuchtete, die Innenseite beider Füße voller Blasen von den Fünfzehn-Cent-Sandalen in meiner ersten Woche und der geradezu besessene Kauf von Sarongs in Colombo, Kandy, Jaffna, Trincomalee, der Toddy, der mich bis Mittag sanft umhaute, so daß ich völlig traumlos schlief. Und Frauen und Männer mit nackten Füßen unter dem Eßtisch und nach der Party das Gewitter, durch das wir fünf Sekunden lang von der Veranda zum Auto gingen und das uns völlig durchnäßte, und nach zehn Minuten Fahrt – ohne Scheinwerfer, die waren an jenem Nachmittag am Swimmingpool gestohlen worden – waren wir trocken, bloß von der Mitternachtshitze im Fahrzeug und den Dampfgeistern, die ungeordnet rechts und links neben den Teerstraßen aufkreuzten, und der Mann, der auf der Straße schlief und sich beschwerte, als ich ihn aufweckte, jeder von uns sprach in einer anderen Sprache, ich imitierte ein Auto, das um die Ecke kam und ihn überfuhr, und er, betrunken, brachte mich perverserweise dazu, diese Pantomime immer wieder von vorn aufzuführen, und ich stieg wieder ins Auto, war erneut völlig durchnäßt und nach fünf Meilen wieder trocken. Und der Gecko an der Wand, der steif mit dem Schwanz wedelte, seine Kiefer voller Libellen, deren Flügel symmetrisch in seinem Maul verschwanden – Dunkelheit füllte den fast durchsichtigen Körper –, und eine gelbe Spinne mit einem Hinterteil aus Email, die über das Bidet lief, und die weiße Ratte, von der meine Tochter schwört, sie im Klo des Maskeliya-Tennisclubs gesehen zu haben.

Ich habe all das erlebt. An einem Morgen wachte ich auf und roch den ganzen Tag nur Dinge, es gab von allem so viel, daß ich mich für einen der fünf Sinne entscheiden mußte. Und noch immer bewegte sich alles langsam, so sicher und unabänderlich wie eine Kokosnuß, die jemandem auf den Kopf fällt, wie der Jaffna-Zug, wie der Ventilator bei niedriger Geschwindigkeit, wie der notwendige Schlaf am Nachmittag mit den vom Toddy geblendeten Träumen.

Zunge

Am frühen Nachmittag gehe ich mit ein paar Kindern eine Stunde am Strand entlang – beginnend unterhalb des Gartens bei Uswetakeiyawa, an den Wracks vorbei zum Hotel Pegasus Reef. Nach zwanzig Minuten Kletterei die Dünen hinauf und hinunter, während die Sonne nur auf die rechte Seite unserer Gesichter und Körper brennt, sind wir erschöpft, fühlen uns wie betrunken. Eins meiner Kinder erzählt von einem Traum, den es hatte, bevor wir Kanada verließen. Die Gischt zerstäubt und glüht weiß. Verrückte Hundshitze. Links von uns das kühle Dunkel der Dorfbäume. Krabben fliehen vor unseren nackten Füßen. Ich zähle dauernd die Kinder, habe ständig das Gefühl, daß eines fehlt. Wir blicken zu Boden, von der Sonne weg. So daß wir alle plötzlich über den Kadaver stolpern.

Von hinten sieht es aus wie ein Krokodil. Es ist etwa zweieinhalb Meter lang. Aber die Schnauze ist stumpf, nicht spitz, als wäre die Krokodilsnase abgehackt und die scharfen Kanten von den Gezeiten abgeschliffen worden. Einen Moment lang glaube ich das wirklich. Ich möchte nicht, daß die anderen zu nahe herangehen, vielleicht ist es noch nicht tot. Es hat eine Doppelreihe spitzer Schuppen auf seinem Schwanz und der graue Körper ist mit gelben Flecken bedeckt – mit schwarzen Zentren, so daß sie gelbe

Ringe bilden. Es sieht fett und klobig aus. Niemand aus dem wenige Meter entfernten Dorf scheint es bemerkt zu haben. Jetzt erkenne ich, daß es ein Kabaragoya ist. Eine Unterwasserechse. Sie ist gefährlich und kann einen mit ihrem Schwanz zu Tode peitschen. Diese Kreatur muß von einem Fluß ins Meer hinausgespült und dann an den Strand zurückgeschwemmt worden sein.

Kabaragoyas und Thalagoyas sind weit verbreitet auf Ceylon und anderswo nur selten anzutreffen. Das Kabaragoya ist groß, etwa so groß wie ein normales Krokodil, das Thalagoya ist kleiner – eine Mischung aus Iguana und Rieseneidechse. Sir John Maundeville, einer der ersten Reisenden, die von Ceylon berichten, spricht von seinen »schorte thyes and grete Nayles«, den kurzen Schenkeln und langen Krallen. Und Robert Knox sagt über das Kabaragoya, daß es »eine blaue, gespaltene Zunge hat wie ein Band, es streckt sie aus, zischt und sperrt das Maul auf«. Das Kabaragoya ist tatsächlich ein nützlicher Aasfresser und steht jetzt unter Naturschutz, weil es sich von Süßwasserkrabben ernährt, die die Dämme der Reisfelder unterminieren und zerstören. Das einzige Tier, das es erschrecken kann, ist ein Wildschwein.

Das Thalagoya hingegen frißt Schnecken, Käfer, Tausendfüßler, Kröten, Eidechsen, Eier und Jungvögel und verschmäht auch Abfälle nicht. Es ist auch ein guter Kletterer und kann sich aus zwölf Meter Höhe von einem Baum zu Boden fallen lassen, federt den Fall dann ab, indem es schräg auf Brust, Bauch und Schwanz landet. In Kegalle kletterten die Thalagoyas auf Bäume und sprangen von dort aus auf das Dach oder ins Haus.

Das Thalagoya hat eine rauhe Zunge; damit »schnappt« es sich seine Beute und hält sie fest. Es gibt einen Mythos, der besagt, daß sich ein Kind, wenn es eine Thalagoyazunge zu essen bekommt, brillant ausdrücken und stets wunderschön sprechen kann und beim Reden fähig sein wird, wundersame und humorvolle Informationen »aufzuschnappen« und einzusammeln.

Es gibt eine Möglichkeit, die Zunge zu essen. Das Thalagoya wird getötet, indem man es auf den Boden legt, seinen Kopf unter den Hals biegt und mit geballter Faust auf das Genick schlägt. Nach dem Tod des Tieres sollte die Zunge so bald wie möglich herausgeschnitten und gegessen werden. Man nehme eine Paradiesfeige oder eine Banane, schäle sie und schneide sie der Länge nach in zwei Hälften, lege dann die graue Zunge wie ein Sandwich zwischen die beiden Bananenhälften und schlucke, ohne zu kauen, indem man alles am Stück den Hals hinuntergleiten läßt. Viele Jahre später wird dies verbale Brillanz zeitigen, auch wenn diese manchmal auch mit schlechtem Benehmen einhergeht (dem Anzünden von Möbeln, etc.). Ich bin nicht sicher, welche anderen Nebeneffekte es noch gibt, außer, daß man möglicherweise daran stirbt.

Meinem Onkel Noel wurde eine Thalagoyazunge verabreicht. Er spuckte die Hälfte aus, wurde sehr krank und starb beinahe daran. Seine Mutter Lalla, die die gefährliche Angewohnheit besaß, sich solche lokalen Praktiken zu eigen zu machen, hatte darauf bestanden, daß er sie aß. Wie auch immer, ihr Sohn wurde ein brillanter Rechtsanwalt und ein großartiger Geschichtenerzähler, allein von dem einen Stück Zunge. Mein Vater, der die Legende sehr gut kannte, schlug vor, daß wir davon essen sollten, als wir im Ambalantota-Rasthaus waren. Ein Tier war gerade getötet worden, nachdem es durchs Dach gefallen war. Alle Kinder versteckten sich schreiend im Bad, bis es Zeit war, abzureisen.

Das Thalagoya dient noch anderen Zwecken. Sein Fleisch ist das einzige, das ein sich ständig übergebender Patient bei sich behalten kann, und wird schwangeren

Frauen gegen morgendliche Übelkeit verordnet. Doch als Kinder wußten wir genau, wozu Thalagoyas und Kabaragoyas gut waren. Das Kabaragoya legte in der Zeit zwischen Januar und April seine Eier in Baumhöhlungen ab. Da dies mit dem Royal-Thomian-Kricketmatch zusammenfiel, sammelten wir sie und warfen sie in die Ränge der Royal-Schüler. Das waren großartige Waffen, denn sie hinterließen einen fürchterlichen Juckreiz, wo immer sie auf die Haut trafen. Das Thalagoya benutzten wir, um über Mauern zu steigen. Wir banden ein Seil um seinen Hals und hievten es über die Mauer. Seine Klauen krallten sich an jeder Oberfläche fest, und wir zogen uns an dem Seil hoch hinter ihm her.

Etwa sechs Monate vor meiner Geburt beobachtete meine Mutter in Pelmadulla ein Kabaragoyapaar »in copula«. Ein Hinweis auf diese Beobachtung findet sich im *Coloured Atlas of Some Vertebrates from Ceylon*, Band 2, einer Veröffentlichung des Nationalmuseums. Das ist meine früheste Erinnerung.

Lieblich wie eine Krähe

für Hetti Corea, 8 Jahre

»Die Singhalesen gehören zweifellos zu den
unmusikalischsten Menschen auf der Welt. Es
wäre schlechterdings unmöglich, noch weniger Sinn für Tonhöhe, Melodie oder Rhythmus aufzubringen.«   *Paul Bowles*

Deine Stimme klingt wie ein Skorpion, der
durch eine Glasröhre gezwängt wird
als wäre gerade jemand auf einen Pfau getreten
wie der Wind, der in einer Kokosnuß heult
wie eine rostige Bibel, wie jemand, der Stacheldraht
über einen gepflasterten Hof schleift, wie ein ertrinkendes
ein Vattacka, das geröstet wird   [Schwein
ein händeschüttelnder Knochen
ein Frosch, der in der Carnegie Hall singt.
Wie eine Krähe, die in Milch schwimmt
wie eine Nase, die von einer Mango getroffen wird
wie die Menge beim Royal-Thomian-Match
ein Bauch voller Zwillinge, ein Pariahund
mit einer Elster im Maul
wie der Mitternachtsjet aus Casablanca
wie Air-Pakistan-Curry
eine brennende Schreibmaschine, wie ein Geist im Gas
auf dem dein Essen kocht
wie hundert zerquetschte Pappadams, wie jemand
der vergeblich versucht, *3-Roses*-Streichhölzer in einem
                    dunklen Zimmer anzuzünden
das klickende Geräusch eines Riffs, wenn du deinen Kopf
                    ins Meer hältst

ein Delphin, der einem schläfrigen Publikum epische
                                   Dichtung vorträgt
das Geräusch eines Ventilators, wenn jemand *brinjals*
                                   danach wirft
wie Ananas, die auf dem Pettah-Markt in Scheiben
                                   geschnitten werden
wie Betelsaft, der einen Schmetterling im Fluge trifft
wie ein ganzes Dorf, das nackt auf die Straße stürzt
und sich die Sarongs zerreißt, wie eine wütende Familie
die einen Jeep aus dem Schlamm schiebt, wie Staub auf der
                                   Nadel
wie 8 Haie auf dem Gepäckträger eines Fahrrads
wie 3 im Bad eingeschlossene alte Damen
wie das Geräusch, das ich hörte, als ich einen Mittagsschlaf
hielt und jemand mit Fußkettchen durch mein Zimmer
                                   ging.

Die Karapothas

»Der Teil der Reise, der durch Ceylon führt, ist ermüdend, schrecklich ermüdend! Erschöpft von den ständigen Störungen die ganze Nacht hindurch – die laute See und noch lautere, Sodaflaschen entkorkende Pflanzer und der frühe Sonnenaufgang mit Krähen und Hähnen.

Die braunen Menschen dieser Insel kommen mir ekelhaft neugierig und unangenehm verblödet vor. Die ganze Zeit über grinsen die Wilden und schwatzen miteinander.

… Die Straßen sind außerordentlich malerisch. Tiere, Affen, Stachelschweine, Nashornvögel, Eichhörnchen, Tauben und figürlicher Dreck!«

Aus den Aufzeichnungen Edward Lears
aus Ceylon, 1875

»Schließlich sind Taormina, Ceylon, Afrika, Amerika – zumindest aus *unserer* Sicht – doch nur Negationen dessen, was wir sind und wofür wir stehen: und wir sind eher wie Jonas und fliehen den Ort, an den wir gehören.

… Ceylon ist ein Erlebnis – aber lieber Himmel, kein Dauerzustand.«

D. H. Lawrence

»Alle Dschungel sind des Teufels.«
Leonard Woolf

* * *

Ich sitze in einem Haus an der Buller's Road. Ich bin der Fremde. Ich bin der verlorene Sohn, der den Fremden haßt. Ich blicke hinaus auf den überwucherten Garten und auf die zwei Hunde, die alles anbellen, die in die Luft springen, den Vögeln und Eichhörnchen hinterher. Ameisen krabbeln auf den Tisch, um zu probieren, was immer dort liegt. Selbst mein Glas, das nur Eiswasser enthält, hat ein Dutzend angelockt, die in den Wasserrand waten, den das Glas hinterläßt, um ihn auf Zucker zu untersuchen. Wir sind wieder in der Hitze Colombos, im heißesten Monat des Jahres. Es ist eine köstliche Hitze. Schweiß fließt sein eigenes spürbares Leben am Körper hinab, als sei ein gigantisches Ei auf unseren Schultern zerbrochen.

Die angenehmsten Stunden sind die von vier bis neun Uhr früh; den Rest des Tages wandert die Hitze durchs Haus wie ein Tier, das an jedem hochspringt. Niemand entfernt sich zu weit vom Umkreis des Ventilators. Reiche singhalesische Familien ziehen im April ins Hochland. Die meisten Abenteuer der erotischen Literatur Asiens, so steht zu vermuten, müssen in den Bergen spielen, denn in Colombo ist Sex fast unmöglich, außer in den frühen Morgenstunden, und in den letzten hundert Jahren sind nur wenige Kinder in diesem Monat gezeugt worden.

Das ist die Hitze, die die Engländer verrückt machte. D. H. Lawrence war 1922 als Gast der Brewsters, die in Kandy lebten, sechs Wochen auf Ceylon. Und obwohl Kandy mehrere Grade kühler ist als Colombo, trat sein zänkisches Wesen an die Oberfläche wie Schweiß. Ihm waren die Singhalesen viel zu leger, und er beschwerte sich über »die nach Papaya stinkenden Buddhisten«. Am ersten Tag gingen die Brewsters mit ihm um den Kandy-See spazieren. Achsah und Earl Brewster beschreiben, wie Lawrence seine silberne Uhr hervorzog und feststellte, daß sie stehengeblieben war. Er regte sich furchtbar auf, tobte und zerrte, um die Kette zu zerreißen, und warf die Uhr in den See. Der silberne Zeitmesser sank auf den Grund und gesellte sich zu den kostbareren ungehobenen Schätzen, die die Könige von Kandy versenkt hatten.

Die Hitze entwürdigt die Fremden. Gestern, auf der

Straße von Kandy nach Colombo, wurde in jedem Dorf, an dem wir vorbeikamen, das Neujahrsfest gefeiert – Hochklettern an eingeseiften Pfählen, Fahrradrennen mit Menschenmengen am Straßenrand, die eimerweise Wasser über die Fahrer schütteten, wenn sie vorbeikamen –, alle Welt beteiligte sich an den Festen in der glühenden Mittagshitze. Doch meine Kinder wurden während der Fahrt in die Flachlandhitze streitsüchtig, und eins schrie das andere an, es solle gefälligst den Mund halten, den Mund halten, den Mund halten.

Zwei Meilen entfernt von der Buller's Road lebte noch ein Fremder. Pablo Neruda. In den dreißiger Jahren lebte er zwei Jahre lang in Wellawatte, während er an der chilenischen Botschaft arbeitete. Er war gerade aus Burma und vor Josie Bliss aus dem »Tango des Witwers« geflohen und schreibt in seinen Memoiren fast mehr über seinen Hausmungo als über Ceylon. Eine Tante von mir erinnert sich daran, daß er, wenn er zum Dinner kam, ständig Lieder anstimmte. Doch viele seiner dunklen, klaustrophobischen Texte in *Aufenthalt auf Erden* sind hier geschrieben worden, Gedichte, in denen diese Landschaft beherrscht wird von einem überquellenden Surrealismus – voll vegetativer Beklemmung.

Ceylon hatte stets zu viele Fremde ... die »Karapothas«, wie meine Nichte sie nennt – die Käfer mit weißen Flecken, die hier nie alt wurden, die hereinspaziert kamen und die Landschaft bewunderten, die die »neugierigen Eingeborenen« nicht mochten und verschwanden. Ursprünglich kamen sie und überwältigten das Land aus Gier nach so etwas Feinem wie dem Geruch von Zimt. Wurden mit Gewürzen reich. Während sich die Schiffe noch näherten, zehn Meilen auf See, streuten die Kapitäne Zimt auf die Planken und baten die Passagiere an Deck, damit sie *Ceylon rochen*, noch bevor die Insel in Sicht kam.

»Von Seyllan bis zum Paradies sind es vierzig Meilen«, besagt eine Legende, »man kann dort die Quellen des Paradieses rauschen hören.« Doch als Robert Knox im siebzehnten Jahrhundert dort gefangengehalten wurde, erinnerte er sich an diese Zeit folgendermaßen: »Und so wurde ich verzweifelt, krank und in Gefangenschaft zurückgelassen, ohne irdischen Beistand, besaß niemanden außer Ihm, der vom Himmel hinabschaut und das Jammern der Gefangenen vernimmt.«

Der Sprung von einer Vorstellung zur anderen ist fast nicht möglich; sowenig, wie Desdemona tatsächlich die militärischen Heldentaten des Mauren verstehen konnte. Entweder das Land gehört uns, in dem wir aufgewachsen sind, oder wir sind Fremde und Eindringlinge. Othellos Talent war eine dekorierte Brust, die sie entzückte. Diese Insel war ein Paradies, das zum Plündern einlud. Alles nur Erdenkliche wurde gesammelt und zurück nach Europa verschifft: Kardamom, Pfeffer, Seide, Ingwer, Sandelholz, Senföl, Palmwurz, Tamarinde, natürlicher Indigo, Hirschgeweihe, Elefantenzähne, Schweineschmalz, Kalamanderholz, Koralle, sieben Arten Zimt, Perlen und Koschenillefarbe. Ein *parfümiertes Meer*.

Und wenn dies auch das Paradies war, so hatte es doch seine Schattenseiten. Mein Vorfahr William Charles Ondaatje kannte mindestens fünfundfünfzig Arten von Gift, die seinen Landsleuten leicht zugänglich waren, aber keines davon, so scheint es, gegen die Eindringlinge einsetzten. Abarten von Arsen, Säfte von Tausendfüßlern, Skorpion, Kröte und Glühwürmchen, Schakal und Mungo, gemahlene blaue Pfauensteine – all dies konnte einen Menschen binnen Minuten töten. »Krotonsamen werden verwendet, um Diebstahl und andere kriminelle Handlungen zu erleichtern«, schrieb er in seinen biologischen Aufzeichnungen. In seinem lyrischsten Moment, in der Fußnote 28 seines Berichts über den Königlich-Botanischen Garten, entfernt sich William Charles einen Schritt weg von dem formellen Bericht, hinaus aus dem latinisierten Garten, und beschenkt uns, mit der Leidenschaft einer Schnecke oder eines Vogels, mit seinem Herzen.

Hier gibt es majestätische Palmen mit turmhohen Stämmen und lieblichen Blättern, die Schuhblume, die eßbare Passionsblume. Hier schwimmt die Wasserlilie mit ausgebreiteten Blättern auf den Flüssen – eine Prinzessin unter den Wasserpflanzen! Der Aga-mula-naeti-wala, die *Kletterpflanze ohne Anfang und Ende*, windet sich um Bäume und hängt in langen Girlanden herab … und das ist kurios genug, denn er besitzt weder Blätter noch Wurzeln. Hier findet sich die geflügelte Thunbergia, die langschnauzige Justicia, der Senfbaum der Bibel mit den saftigen Blättern und unzähligen Beeren. Die fleißige Akazie parfümiert mit ihrem süßen Duft die öden Ebenen, während andere traurige und namenlose Blumen die Nacht mit Blüten versüßen, die im Dunkeln abfallen.

Das Journal ergeht sich in der Schönheit und den Giften, er stellt »Papier« her aus einheimischen Gemüsen, er erprobt lokale Arzneien und Gifte an Hunden und Ratten. »Ein Mann aus Jaffna beging Selbstmord, indem er die Neagalawurzel aß … Ein Gebräu aus der Plumbagopflanze wird verabreicht, um einen Abgang zu bewirken.« Unbekümmert listet er die möglichen Waffen um sich herum auf. Die Karapothas krochen darüber hinweg und bewunderten ihre Schönheit.

Die Insel verbarg ihr Wissen. Ausgefeilte Künste und Riten und religiöse Zeremonien wanderten landeinwärts, fort von den neuen Städten. Nur Robert Knox, der zwanzig Jahre lang von einem Kandy-König gefangengehalten wurde, schrieb Gutes über die Insel und lernte ihre Traditionen. Seine Memoiren, *An Historical Relation*, diente Defoe als psychologische Vorlage für den stets neugierigen Robinson Crusoe. »Wenn man die Charakteristiken Crusoes genau betrachtet, wird man etwas von dem Mann erblicken, der nicht der einsame Bewohner einer verlassenen Insel war, sondern in einem fremden Land unter Fremden lebte, abgeschnitten von seinen eigenen Landsleuten ... und sich nicht nur sehr bemühte, zurückzukehren, sondern auch das einzigartige Talent, das ihm gegeben war, nutzbringend einzusetzen.«

Außer Knox und später Leonard Woolf in seinem Roman *Das Dorf im Dschungel* wußten nur wenige Fremde wirklich, wo sie waren.

* * *

Ich glaube immer noch, daß die Singhalesen das schönste Alphabet geschaffen haben. Das Tinteninsekt krümmt sich zu einer Form, die fast Sichel ist, Löffel, Augenlid. Die Buchstaben sind vom Wasser abgeschliffenes Glas ohne Kanten. Sanskrit wurde von Vertikalen beherrscht, doch seine scharfeckigen Formen waren auf Ceylon nicht möglich. Die Olablätter, auf denen man hier schrieb, waren zu zerbrechlich. Eine gerade Linie zerschnitt das Blatt, also wurde aus seinem indischen Cousin ein gekräuseltes Alphabet entwickelt. Mond Kokosnuß. Die Knochen vom Rückgrat eines Liebenden.

Als ich fünf war – die einzige Zeit in meinem Leben, in der ich eine saubere Handschrift hatte –, saß ich in den tropischen Klassenzimmern und lernte die Buchstaben ෮ und 𑇤, wiederholte sie Seite um Seite. Wie man schreibt. Das Selbstporträt der Sprache. 𑇥. Der Deckel auf einem Kochtopf, der die Form des Feuers annimmt. Jahre später, als ich in einem Biologiebuch blätterte, stieß ich auf eine ganze Seite, auf der die kleinen Knochen im Körper dargestellt waren, und erkannte entzückt die Formen und Konturen des allerersten Alphabets, das ich aus Kumarodayas Fibel abschrieb.

In der St. Thomas College Boy School hatte ich »Zeilen« als Strafe zu schreiben. Hundertfünfzigmal. තොප්ප්දාර් නිවෙසේ වහලයට නැගී පොල්ගෙඩි විසි නොකරමි. Ich darf keine Kokosnüsse vom Dach des Copplestone-Hauses werfen. බාර්නබස් පියතුමාගේ තාරගේ වළවලට නිසා මුතු නොකරමි. Wir dürfen nicht wieder gegen Pater Barnabus' Reifen urinieren. Ein gemeinschaftlicher Protest diesmal, die erste meiner sozialistischen Tendenzen. Die idiotischen Sätze wanderten ostwärts über das Blatt, als suchten sie nach Längengrad und Geschichte, nach einer Bedeutung oder Grazie, die nun, nach all dem Schreiben, *strahlend hell* auftauchen würde. Jahrelang dachte ich, Literatur sei Strafe, nichts anderes als ein Exerzierplatz. Die einzige Freiheit, die das Schreiben brachte, war, daß man rüde Ausdrücke auf Wände und Pulte kritzelte.

Im fünften Jahrhundert vor Christus waren Graffitigedichte in das Felsengesicht von Sigiriya geritzt worden – die Felsenfestung eines despotischen Königs. Kurze Verse auf die in den Fresken dargestellten Frauen sprachen von Liebe in all ihrer Verwirrung und Gebrochenheit. Gedichte auf mythische Frauen, die ein weltliches Leben lebten und hinter sich ließen. Die Zeilen sahen Brüste als vollkommene Schwäne; Augen waren lang und rein wie Horizonte. Die unbekannten Dichter kamen wieder und wieder auf dieselben Metaphern. Wunderschöne *falsche Vergleiche*. Das waren die ersten Volksdichtungen des Landes.

Als die Regierung während des Aufstands von 1971 Tausende von Verdächtigen zusammentrieb, wurde der Vidyalankara-Campus der Universität von Ceylon in ein Gefangenenlager umgewandelt. Die Polizei sonderte die Schuldigen aus und versuchte, ihren Willen zu brechen. Als die Universität wieder öffnete, fanden die zurückkehrenden Studenten Hunderte von Gedichten auf Wänden, Decken und in verborgenen Ecken des Campus. Vierzeiler und freie Verse über den Kampf, die Folterungen, den ungebrochenen Willen, die Liebe zu Freunden, die für die Sache gestorben waren. Die Studenten gingen tagelang umher und kopierten sie in ihre Notizhefte, bevor sie mit Tünche und Lauge übermalt wurden.

* * *

Ich verbringe viele Stunden mit Ian Goonetileke, der die Bibliothek in Peredeniya leitet, und wir reden über Autoren auf Ceylon. Er zeigt mir ein Buch, das er über den Aufstand zusammengestellt hat. Wegen der Zensur mußte es in der Schweiz veröffentlicht werden. Auf der Rückseite des Buchs sind zehn Fotografien von Kohlezeichnungen, die von einem Aufständischen auf die Wände eines der Häuser, in denen er sich versteckte, gemalt worden waren. Das Durchschnittsalter der Aufständischen war siebzehn, Tausende wurden von Polizei und Armee getötet. Während der Kelani und der Mahaveli mit Leichen beladen zum Meer flossen, wurden diese Zeichnungen zerstört, so daß das Buch der einzige Hinweis auf sie ist. Der Künstler ist anonym. Die Werke scheinen so großartig zu sein wie die Sigiriyafresken. Auch sie sollen für die Ewigkeit sein.

Er zeigt mir auch die Gedichte von Lakdasa Wikkramasinha, einem seiner engsten Freunde, der kürzlich bei Mount Lavinia ertrank. Ein kraftvoller und zorniger Dichter. Lakdasa war zwei Jahre vor mir auf dem St. Thomas College, ich kannte ihn zwar nicht, doch sind wir in denselben Klassenzimmern und von denselben Lehrern unterrichtet worden.

Nachdem ich sein Haus verlassen habe, kehrt Ian zurück zu den schönen Zeichnungen George Keyts, die sein Arbeitszimmer füllen, und zu den Büchern, die er in anderen Ländern veröffentlichen muß, um Tatsachen klarzustellen und Legenden zu entlarven. Er ist ein Mann, der weiß, daß die Geschichte stets gegenwärtig ist, sie ist die letzte Stunde seines Freundes Lakdasa, der im blauen Meer bei Mount Lavinia, dort, wo die Touristen zum Sonnenbaden hingehen, das Bewußtsein verliert, ist die niedergebrannte Wand, auf der jene Kohlezeichnungen waren, deren leidenschaftliches Gewissen in Stein geschnitten gehört hätte. Die Stimmen, die ich nicht kannte. Die Visionen, die anonym sind. Und geheim.

Heute morgen in dem Haus an der Buller Road las ich die Gedichte von Lakdasa Wikkramasinha.

Erzähl mir nichts von Matisse...
dem europäischen Stil von 1900, der Tradition des Ateliers
in dem die nackte Frau für immer
auf einem Tuch aus Blut liegt

Erzähl mir lieber von der Kultur allgemein –
wie die Mörder noch unterstützt wurden
von der Schönheit, den Wilden geraubt: die Maler kamen
in unsere abgelegenen Dörfer, und unsere weißgetünchten
Lehmhütten wurden von Gewehrfeuer durchlöchert.

Hohe Blüten

Die langsame Bewegung ihrer Baumwolle
in der Hitze.
              Harte Schale des Fußes.
Sie hackt die gelbe Kokosnuß auf
von der Farbe des Anuradhapura-Steins.

Die Frau, von meinen Vorfahren ignoriert,
sitzt im Durchgang und hackt Kokosnüsse auf
putzt Reis.

Ihr Mann bewegt sich
in der Luft zwischen den Bäumen.
Das gebogene Messer an seiner Hüfte.
In den hohen Schatten
der Kokospalmen
greift er nach einem Pfad aus Seil über seinem Kopf
und mit dem nackten Fuß nach einem anderen unter ihm.
Er trinkt den ersten süßen Schluck
aus der abgeschnittenen Blüte, gießt sie dann
in einen schlankhalsigen Topf
und geht zum nächsten Baum.

Über den schmalen Straßen von Wattala

geht Kalutara der Toddyzapfer
und sammelt die weiße Flüssigkeit für die Kneipenfässer.
Hier unten stürmt
das Licht durch die Zweige
und bringt die Straße zum Kochen.
Dorfbewohner stehen im Schatten und trinken
die Flüssigkeit aus einem zur Tüte gefalteten Blatt.
Er arbeitet schnell, um sein Soll zu erfüllen
noch vor dem rasenden Monsun.
Die Form von Messer und Topf
unterscheidet sich in nichts von der auf Stichen des
18. Jahrhunderts.

Im Dorf
schüttelt eine Frau Reis
in einer Rohrmatte.
Korn und Hülse trennen sich
werden der Sonne zugeworfen.

Von seiner Dunkelheit zwischen den hohen Blüten
bis zu diesem Zimmer, von Lehmwänden umschlossen
geschieht alles Wichtige im Schatten –
ihre unauffällige langsame Bewegung, seine Träume
von einem Baum zum andern ohne Seil zu wandern.
Nicht Eitelkeit erlaubt ihm diese Freiheit
sondern Fertigkeit und Gewohnheit, das gebogene Messer
das ihm sein Vater gab, die Kühle hier oben
– denn noch ist die Bodenhitze nicht aufgestiegen –
läßt ihn die Not vergessen.

Könige.   Festungen.   Verkehr in der grellen Sonne.

Unter einer Tür dreht sich die Frau um
in der alten Lust an der Dunkelheit.

In den hohen Bäumen über ihr
löschen Schatten
den Weg, den er geht.

Nach Colombo

Rückkehr von Sigiriya   Hügel
in ihrem hellen Grün   das graue
Tier Festung Fels   Klauen aus Stein
Gerüchte vom Wildschwein

                    An

Reisfeldern vorbei
Ochsen   braune Männer
die knietief wie die Erde
aus der Erde steigen

Sonnenlicht   Sonnenlicht

Unterbrechung der Fahrt, eine kühle *kurumba*
wir löffeln das halbgeformte Weiß
in unsere Münder

                 nehmen

die Planen vom Jeep
um Flachlandluft zu empfangen

            auf einer Bank hinter dem Sonnenlicht
            die   Frau   die   Kokosnüsse   das   Messer

Frauen wie du

*(das Gemeinschaftsgedicht –
Sigiri-Graffito, 5. Jahrhundert)*

Sie bewegen sich nicht
diese Damen aus den Bergen
zeigen uns
kein flatterndes Augenlid.

        Der König ist tot.

Sie antworten niemandem
nehmen den harten
Fels zum Liebhaber.
Frauen wie du
bringen Männer dazu, ihr Herz auszuschütten

        »Sehe ich dich, will ich
        kein anderes Leben«

        Die goldene Haut hat meine
        Sinne gefangen«

die hierher kamen
aus dem ausgebleichten Land
erklommen diese Festung
um den Felsen zu verehren

und mit der Einsamkeit der Luft
hinter ihnen

        schnitzten sie ein Alphabet
zum Motiv reines Begehren

sie wollten, daß die Porträts der Frauen
sprachen
und sie umarmten.

Hunderte kleiner Verse
von verschiedener Hand
wurden eine einzige
Gewohnheit der Nicht-Erhörten.

Sehe ich dich
will ich kein anderes Leben
und drehe mich um
zum Himmel
und überall darunter
Dschungel, Hitzewellen
weltliche Liebe

Die frischen Blumen in der Hand
ein Kreis aus
Zeigefinger und Daumen
ist ein Fenster
zu deiner Brust

Freuden der Haut
Ohrring   Ohrring
Wölbung
des Bauchs
       und dann

steinerne Meerjungfer
steinernes Herz
trocken wie eine Blume
auf Stein
ihr langäugigen Frauen
die goldenen
trunkenen Schwanenbrüste
Lippen
die langen langen Augen

wir stehen vor dem Himmel

Ich bringe dir

eine Flöte
aus dem Hals
eines Seetauchers

nun sprich zu mir
von dem gebrauchten Herzen

Der Zimtschäler

Wäre ich ein Zimtschäler
ich würde dein Bett reiten
und gelben Rindenstaub
auf deinem Kissen hinterlassen.

Deine Brüste und Schultern würden riechen
Du könntest niemals über die Märkte gehen
ohne daß der Beruf meiner Finger
über dich flösse. Die Blinden würden
stolpern, wären sicher, wem sie sich näherten
auch wenn du dich badetest
unter Wasserspeiern, Monsun.

Hier auf dem Oberschenkel
auf dieser weichen Weide
Nachbar deines Haars
oder der Falte
die deinen Rücken teilt. Dieser Knöchel.
Du wirst unter Fremden bekannt sein
als des Zimtschälers Frau.

Ich konnte dich kaum ansehn
vor der Heirat

niemals dich anrühren
– deine Mutter mit der feinen Nase, deine rauhen Brüder.
Ich verbarg meine Hände
in Safran, tarnte sie
über rauchendem Teer
half den Honigsammlern…

*

Als wir einmal schwammen
berührte ich dich im Wasser
und unsere Körper blieben frei
du konntest mich halten und vom Duft frei sein.
Du stiegst ans Ufer und sagtest

so berührst du andere Frauen
des Grasschneiders Frau, des Kalkbrenners Tochter.
Und du suchtest auf deinen Armen
nach dem fehlenden Parfüm
und wußtest

was nützt es
des Kalkbrenners Tochter zu sein
zurückgelassen ohne Spur
als würde man im Liebesakt nicht mit ihr sprechen
als sei sie verwundet und ohne die Freuden einer Narbe.

Du brachtest
deinen Bauch an meine Hände
an der trockenen Luft und sagtest
Ich bin des
Zimtschälers Frau. Riech mich.

Kegalle (2)

Auf dem Familiensitz in Rock Hill wimmelte es von Schlangen, vor allem von Kobras. Der Garten selbst war nicht so gefährlich, aber einen Schritt darüber hinaus, und man begegnete immer welchen. Die Hühner, die mein Vater in späteren Jahren hielt, lockten sie noch mehr an. Die Schlangen kamen wegen der Eier. Das einzige Gegenmittel, das mein Vater entdeckte, waren Pingpongbälle. Er ließ Kisten voller Pingpongbälle nach Rock Hill kommen und verteilte sie zwischen den Eiern. Die Schlange schluckte den Ball ganz und konnte ihn nicht verdauen. In einer Abhandlung, die er über Hühnerzucht schrieb, finden sich mehrere Absätze über diese Methode der Schlangenbekämpfung.

Die Schlangen hatten auch die Angewohnheit, ins Haus zu dringen, und mindestens einmal im Monat gab es Geschrei, die Familie rannte durchs Haus, die Schrotflinte wurde hervorgeholt und die Schlange zu Fetzen geschossen. Manche Abschnitte der Wände und Fußböden wiesen Narben von Einschüssen auf. Meine Stiefmutter stieß auf eine zusammengerollt schlafende Schlange auf ihrem Schreibtisch und war nicht in der Lage, an die Schublade zu kommen, um den Schlüssel für den Gewehrschrank hervorzuholen. Ein anderes Mal lag eine Schlange schlafend auf dem großen Radio, um sich darauf zu wärmen, und weil niemand die einzige Musikquelle im Haus zerstören wollte, behielt man sie sorgsam im Auge, ließ sie aber in Ruhe.

Doch meistens hörte man das Getrappel von Füßen, Schreie der Angst und Aufregung, alle versuchten sich gegenseitig zu beruhigen, und mein Vater oder meine Stiefmutter schossen ohne Rücksicht, was sich dahinter befand, drauflos – eine Wand, gutes Ebenholz, ein Sofa oder eine Karaffe. Zusammen töteten sie mindestens dreißig Schlangen.

Nach dem Tod meines Vaters kroch eine graue Kobra ins Haus. Meine Stiefmutter lud die Flinte und feuerte aus allernächster Nähe. Die Flinte hatte Ladehemmung. Sie trat zurück und lud erneut, doch in der Zwischenzeit war die Schlange hinaus in den Garten geglitten. Den folgenden Monat über drang diese Schlange öfter ins Haus und jedesmal ging der Schuß daneben oder die Flinte hatte Ladehemmung oder meine Stiefmutter verfehlte sie aus lächerlich kurzer Entfernung. Die Schlange griff niemanden an und besaß die Angewohnheit, meiner jüngeren Schwester Susan zu folgen. Andere Schlangen, die ins Haus drangen, wurden mit der Flinte getötet, mit einem langen Stock hochgehoben und ins Gebüsch geschleudert, doch die alte graue Kobra war von einem Zauber beschützt. Schließlich sagte einer der alten Arbeiter auf Rock Hill meiner Stiefmutter, was inzwischen offenkundig war, nämlich daß dies mein Vater sei, der gekommen sei, um seine Familie zu beschützen. Und tatsächlich, entweder weil die Hühnerzucht aufgegeben wurde oder wegen der Anwesenheit meines Vaters in Gestalt einer Schlange, drangen nur noch selten andere Schlangen ins Haus.

* * *

Der letzte Zwischenfall in Rock Hill ereignete sich 1971, ein Jahr, bevor die Farm verkauft wurde. 1971 war das Jahr des Aufstands. Die Rebellen, die zu Tausenden gegen die Regierung kämpften, setzten sich aus allen Schichten der Gesellschaft zusammen – aber besonders aus jungen Leuten. Sie stellten eine merkwürdige Mischung aus Unschuld, Entschlossenheit und Anarchie dar, bastelten Bomben aus Nägeln und Metallstücken und freuten sich gleichzeitig voller Stolz über ihre Uniform aus blauen Hosen mit einem Streifen an der Seite und ihre Tennisschuhe. Einige hatten niemals zuvor Tennisschuhe getragen. Mein Cousin Rhunie übernachtete mit der Chitrasena-Tanztruppe im Ambepussa-Rasthaus, als fünfzig Aufständische in Reih und Glied die Straße hinaufmarschierten und »Wir haben Hunger, wir haben Hunger« skandierten, das Haus nach Eßbarem durchstöberten, aber niemandem dort ein Haar krümmten, weil sie alle Fans der Tanztruppe waren.

Die Aufständischen waren erstaunlich gut organisiert, und allgemein herrscht die Überzeugung, daß sie die Macht im Land übernommen hätten, wenn nicht eine Gruppe die Daten durcheinandergebracht und die Polizeistation in Wellawaya einen Tag zu früh angegriffen hätte. Erst am darauffolgenden Tag sollten alle Polizeistationen und alle Kasernen und alle Radiostationen gleichzeitig angegriffen werden. Einige Banden versteckten sich in den Dschungelreservaten bei Wilpattu und Yala; um zu überleben, jagten sie und ernährten sich von dem, was die Natur hergab. Eine Woche vor dem Aufstand waren sie in die örtlichen Verwaltungsgebäude eingebrochen, hatten die Akten durchstöbert und so herausgefunden, wo sich jede registrierte Waffe im ganzen Land befand. Am Tag nach dem Ausbruch des Aufstands marschierte in Kegalle eine Bande von zwanzig Mann von Haus zu Haus, sammelte die Waffen ein und kam schließlich den Hügel nach Rock Hill hinauf.

Sie hatten bereits ein paar Häuser geplündert und alles mitgenommen – Nahrungsmittel, Werkzeuge, Radios und Kleidung –, doch diese Gruppe von Siebzehnjährigen benahm sich meiner Stiefmutter und ihren Kindern gegenüber sehr höflich. Mein Vater hatte offenbar einige Jahre zuvor ein paar Morgen Land von Rock Hill für einen Spielplatz gespendet, und viele dieser Aufständischen hatten ihn gut gekannt.

Sie fragten nach allen Waffen im Haus, und meine Stiefmutter händigte ihnen die berühmte Flinte aus. Sie sahen in ihren Akten nach und sahen, daß dort auch ein Gewehr aufgelistet war. Es stellte sich als ein Luftgewehr heraus, war falsch eingeordnet. Als Zehnjähriger hatte ich es oft verwendet und, knietief in den Reisfeldern stehend, auf Vögel geschossen, und wenn keine Vögel da waren, auf die Früchte in den Bäumen. Während sich all diese offiziellen Transaktionen auf der vorderen Veranda abspielten, hatte der Rest der Aufständischen die riesige Waffensammlung, die sie in ganz Kegalle eingesammelt hatten, beiseite gelegt, und meine Schwester Susan überredet, ihnen einen Schläger und einen Tennisball zu geben. Sie baten sie, mitzuspielen, und fingen an, auf dem Vorderrasen ein Kricketmatch auszutragen. Sie spielten fast den ganzen Nachmittag.

Mauser

Unterhaltung beim Mittagessen

Augenblick mal, Augenblick mal! Wann ist das alles passiert, ich versuche, das auf die Reihe zu kriegen...

Deine Mutter war neun, Hilden war dabei und deine Großmutter Lalla und David Grenier und seine Frau Dikkie.

Wie alt war Hilden?

Oh, etwa Anfang Zwanzig.

Aber Hilden aß doch mit dir und meiner Mutter zu Abend.

Ja, sagt Barbara. Und Trevor de Saram. Und Hilden und deine Mutter und ich waren ziemlich betrunken. Es war ein Hochzeitsessen, das von Babette, glaube ich, ich kann mich nicht an all diese Hochzeiten erinnern. Ich weiß, daß Hilden damals mit einer abscheulichen Horde von Trinkern umherzog, er war also schon ziemlich früh betrunken, und wir alle lachten darüber, daß David Grenier ertrunken war.

Ich habe kein Wort gesagt.

Wir lachten über Lalla, denn auch Lalla wäre beinahe ertrunken. Weißt du, sie wurde von der Strömung erfaßt, und statt dagegen anzukämpfen, entspannte sie sich einfach und trieb mit der Strömung hinaus aufs Meer und schwamm schließlich in einem Halbkreis zurück. Behauptete, sie sei Schiffen begegnet.

Und dann stand Trevor wütend auf und forderte Hilden zum Duell. Er konnte es nicht ertragen, daß jeder lachte, und Hilden und Doris (deine Mutter) waren betrunken und flirteten drauflos, wie er glaubte.

Aber *warum*? fragte deine Mutter Trevor.

Weil er deinen guten Namen beschmutzt...

Unsinn, ich liebe Schmutz. Und jedermann lachte, und Trevor stand da, wutentbrannt.

Und dann, sagte Barbara, wurde mir klar, daß Trevor in deine Mutter verliebt war, dein Vater hat doch immer gesagt, daß es da einen heimlichen Verehrer gab. Trevor konnte es nicht ertragen, daß Hilden und sie sich direkt vor seinen Augen so köstlich amüsierten.

Unsinn, sagte deine Mutter. Das wäre Inzest gewesen. Und außerdem (während sie Hilden und Trevor beobachtete und sich der fasziniert zuhörenden Dinnergesellschaft bewußt war) sind beide Männer hinter meiner Rente her.

Was geschah, sagte Hilden, war, daß ich eine Linie um Doris herum in den Sand malte. Einen Kreis. Und dann drohte ich ihr: »Wage ja nicht, den Kreis zu verlassen, oder ich verprügle dich.«

Moment mal, Moment mal, *wann* ist das passiert?

Deine Mutter ist neun Jahre alt, sagt Hilden. Und draußen im Meer bei Negombo ertrinkt David Grenier. Ich wollte nicht, daß sie hinausschwamm.

Du warst in eine Neunjährige verliebt?

Weder Hilden noch Trevor waren *je* in unsere Mutter verliebt, flüstert mir Gillian zu. Die Leute sind immer so bei Hochzeiten, erinnern sich sentimental an die Vergangenheit, tun so, als hätte es große geheime Leidenschaften gegeben, über die nie gesprochen wurde...

Nein Nein Nein. Trevor *war* in deine Mutter verliebt.

Blödsinn!

Ich war etwa zwanzig, mischt sich Hilden ein. Deine Mutter war neun. Ich wollte ganz einfach nicht, daß sie ins Wasser ging, während wir versuchten, David Grenier zu retten. Dickie, seine Frau, war ohnmächtig geworden. Lalla – die Mutter deiner Mutter – wurde von der Strömung erfaßt und war schon weit draußen, ich war am Strand mit Trevor.

Trevor war auch da, weißt du.

Wer ist Hilden, fragt Tory.

Ich bin Hilden ... dein Gastgeber!

Oh.

Jedenfalls ... das scheinen doch drei verschiedene Geschichten zu sein, die ihr erzählt.

Nein, *eine*, sagen alle lachend.

Eine, als deine Mutter neun war. Dann, als sie fünfundsechzig war und beim Hochzeitsessen trank, und dann ist da offensichtlich noch der Zeitabschnitt der unerwiderten Liebe des schweigsamen Trevor, der seine Liebe nie erklärt hat, aber mit jedem stritt, den er verdächtigte, deine Mutter zu beleidigen, auch wenn sie sich in Wirklichkeit bloß mit ihnen amüsierte, so wie mit Hilden, als sie fünfundsechzig war.

Liebe Güte, ich war dort mit beiden zusammen, sagt Barbara, und ich bin schließlich mit Hilden verheiratet.

Also wo ist meine Großmutter?

Sie ist jetzt draußen auf See, während Hilden dramatisch einen Kreis um deine Mutter zieht und sagt: »Wage ja nicht, den Kreis zu verlassen!« Deine Mutter sieht zu, wie David Grenier ertrinkt. Greniers Frau – die noch drei weitere Male heiraten wird, unter anderem einen Mann, der verrückt wurde – liegt ohnmächtig am Strand. Und deine Mutter kann sehen, wie der Kopf ihrer Mutter hin und wieder in den Wellen auftaucht. Hilden und Trevor versuchen, die Leiche David Greniers zu bergen, vorsichtig, um nicht selber von der Strömung erfaßt zu werden.

Meine Mutter ist neun.

Deine Mutter ist neun. Und das alles findet in Negombo statt.

O.k.

Eine Stunde später kommt also meine Großmutter Lalla zurück und erzählt allen, daß sie da draußen Schiffen begegnet sei, und man teilt ihr mit, daß David Grenier tot ist. Und niemand will seiner Frau Dickie die Nachricht beibringen. Und Lalla sagt, na gut, sie macht's, denn Dickie ist ihre Schwester. Und sie ging hin und setzte sich zu Dickie, die noch immer ohnmächtig war, in den Sand, und Lalla, in ihrem ausgefallenen Badeanzug, hielt ihre Hand. Daß sie bloß keinen Schock kriegt, sagt Trevor, was immer du tust, bring's ihr vorsichtig bei. Meine Großmutter scheucht ihn fort, und eine Viertelstunde lang bleibt sie allein bei ihrer Schwester sitzen und wartet darauf, daß sie zu sich kommt. Sie weiß nicht, was sie sagen soll. Sie ist plötzlich auch sehr müde. Sie haßt es, irgend jemandem weh zu tun.

Die zwei Männer, Hilden und Trevor, werden mit ihrer Tochter, meiner Mutter, hundert Meter den Strand entlanggehen, Abstand halten, warten, bis sie sehen, daß Dickie sich aufrichtet. Und dann werden sie langsam zurückgehen, auf Dickie und meine Großmutter zu, und ihr Beileid aussprechen.

Dickie rührt sich. Lalla hält ihre Hand. Sie blickt auf, und ihre ersten Worte sind: »Wie geht's David? Ist er in Ordnung?« »Ihm geht's gut, Liebling«, sagt Lalla. »Er ist im Nebenzimmer und trinkt Tee.«

Tanten

Wie ich sie benutzt habe ... Sie stricken an der Geschichte, jede Erinnerung ein loser Faden im Sarong. Sie führen mich durch ihre dunklen Zimmer, die mit den unterschiedlichsten Möbelstücken vollgestopft sind – Teak, Rattan, Kalamander, Bambus –, ihre flüsternden Stimmen beim Tee, Zigaretten, sie lenken mich mit ihren langen knochigen Armen, die über den Tisch greifen wie ausgestreckte Storchenbeine, von der Geschichte ab. Ich würde das zu gern fotografieren. Der dünne Muskel an den Oberarmen, die Knochen und Adern am Handgelenk, die fast Bestandteil des unscheinbaren Armreifs werden, alle verschwinden sie im Fluß des bunten Saris oder des ausgeblichenen bedruckten Baumwollkleids.

Meine Tante Dolly ist ein Meter fünfzig groß und wiegt fünfundsechzig Pfund. Sie raucht seit ihrem fünfzehnten Lebensjahr, und ihr achtzig Jahre altes Gehirn funkt wie eine Zündkerze und bringt einmal dieses, einmal jenes Jahr zum Leben. Sie wiederholt stets die letzten drei Worte einer Frage und gibt ihr ihre eigene überraschende Wendung. In dem großen Haus, dessen Seitenflügel allmählich eins werden mit dem Garten und dem Gestrüpp, geht sie umher, so zerbrechlich wie Miss Havisham. Von außen scheint das Haus untauglich für den Gebrauch. Ich steige durch das Fenster, das sie einrahmt, und sie begrüßt mich mit den Worten: »Ich hätte nie gedacht, daß ich dich noch einmal wiedersehe«, und plötzlich haben sich all diese Reisen schon deshalb gelohnt, weil ich diese dünne Frau an mich drücken kann, die ihren Stock auf den Tisch geworfen hat, um mich zu umarmen.

Sie und ihr Bruder Arthur waren die besten Freunde meines Vaters, sein ganzes Leben lang. Er wußte, was immer er auch getan hatte, Arthur würde dasein, um ihm Wahnsinn, Schwäche, Einsamkeit auszureden. Sie führten die meisten Kinder unserer Generation ins Theater ein, kostümierten uns für den *Mikado*, den *Sommernachtstraum* – alles von Dolly selbst entworfen. Obwohl ihre Familie in ihren eigenen Affären nicht ausschweifend war, schützten sie jeden, der mitten in einer leidenschaftlichen Romanze steckte. »Um uns herum spielten sich ständig Affären ab, schon als wir Kinder waren ... wir waren also daran gewöhnt.«

Heute ist einer von Dollys tauben Tagen, doch der Redefluß strömt in reiner Wiedersehensfreude dahin. »Oh, ich habe mehrmals auf dich aufgepaßt, als du in Boralesgamuwa warst, weißt du noch?« »Ja, ja.« »WAS?« »*Ja.*« Die Zerbrechlichkeit hält sie nicht von ihren Geschichten ab, obwohl sie ab und zu innehält und dann sagt, »Gott, wenn du mich zitierst, bin ich tot. Ich werde wegen Verleumdung angeklagt und *umgebracht* ... Weißt du, sie mochten ihre Flirts. All die Ehefrauen trafen ihre Beaus in den Cinnamon Gardens, da gingen sie zum Flirten hin, dann kamen sie hierher und benutzten uns als Alibi. Deine Großmutter Lalla zum Beispiel hatte eine Menge solcher Beziehungen. Wir konnten nie mit ihr Schritt halten. Wir mußten uns beinahe die Namen aufschreiben, um uns zu erinnern, mit wem sie sich traf. Also, mein Rat ist, versuche, mit allen auszukommen – egal, was sie tun.«

Die Unterhaltung wird ständig unterbrochen von einem Mann, der knapp unter der Zimmerdecke liegt und Nägel hineintreibt – darauf hoffend, daß alles noch ein paar Jahre zusammenhält. Draußen füllen laut gackernde Hühner die Lücken zwischen Dollys Worten. Augen werden zusammengekniffen im Zigarettenqualm. »Ich wünschte, ich könnte dich richtig sehen, aber meine Brille wird gerade gerichtet.«

Während ich mich anschicke zu gehen, begleitet sie mich, halb taub und blind, unter mehreren Leitern in ihrem Wohnzimmer hindurch, auf denen Farbtöpfe balancieren und Handwerker, hinaus in den Garten, wo es ein wildes Pferd gibt, ein aufgebocktes Auto, Baujahr 1930, und Hunderte von blühenden Büschen, so daß ihre Augen in das dunkle Grün und das diffuse Purpur hinausschwimmen. Nur noch wenig trennt das Haus vom Garten. Regen und Kletterpflanzen und Hühner dringen ins Haus ein. Bevor ich gehe, zeigt sie auf das Gruppenfoto von einer Kostümparty, und sie und meine Großmutter Lalla sind in der Menge. Sie hat es jahrelang vor Augen gehabt und weiß deshalb jedermanns Platz in dem Bild auswendig. Sie spult die Namen herunter und lacht über die Gesichtsausdrücke, die sie nicht mehr sehen kann. Das Bild hat sich spürbar, berührbar in ihrem Hirn festgesetzt, so wie die Erinnerung bei denen, die alt sind, die Gegenwart erobert, so wie hier die Gärten Einzug in die Häuser halten, so wie ihr kleiner Körper so intim in meinen eingreift, wie ich es noch nie erlebt habe, und ich muß mich mitten in meiner Umarmung zwingen, vorsichtig mit dieser Zerbrechlichkeit zu sein.

Lallas Leidenschaften

Meine Großmutter starb in den blauen Armen eines Jacarandabaumes. Sie konnte den Donner lesen.

Sie behauptete, im Freien geboren zu sein, ganz unvermutet, während eines Picknicks, obwohl es dafür kaum Beweise gibt. Ihr Vater – aus einer Nebenlinie der Keyts – hatte alle Vorsicht in den Wind geschlagen und eine Dickman geheiratet. Die Erbanlagen galten als exzentrisch (eine Dickman hatte sich selbst in Brand gesteckt), und Gerüchte über die Familie machten in Colombo oft hinter vorgehaltener Hand die Runde. »Leute, die Dickmans heirateten, hatten Angst.«

Es gibt keine Informationen über Lallas Kindheit. Vielleicht war sie ein schüchternes Kind, denn Menschen mit magischen Fähigkeiten brechen erst nach Jahren der Verpuppung aus ihren stillen Kokons. Als sie zwanzig war, lebte sie in Colombo und war probeweise mit Shelton de Saram verlobt – einem sehr gutaussehenden und äußerst selbstsüchtigen Mann. Er wollte ein schönes Leben haben, und als Frieda Donhorst aus England kam, »mit einem dünnen englischen Anstrich und dem Donhorster Scheckbuch«, heiratete er sie auf der Stelle. Lalla war untröstlich. Sie bekam Wutanfälle, warf sich auf die Betten, die ihrer engsten Familie gehörten, schlug auf sie ein und heiratete auf die Schnelle Willie Gratiaen – einen Kricketchampion – als Revanche.

Willie war nebenbei Makler, und als einer der ersten Ceylonesen, die für die englische Firma E. John and Co. arbeiteten, führte er ihnen den größten Teil ihrer lokalen Kundschaft zu. Das Ehepaar kaufte ein großes Haus namens »Palm Lodge« im Herzen Colombos und begann dort, auf den drei Morgen Land, die zum Haus gehörten, eine Meierei zu betreiben. Die Meierei war Willies zweiter Anlauf als Viehzüchter. Da er gern Eier aß, hatte er früher beschlossen, eine Rasse von schwarzen Hühnern aus Australien zu importieren – was mit großen Kosten verbunden war – und zu züchten. Die kostbaren Australorp-Eier kamen per Schiff an, und die Küken waren kurz vor dem Ausschlüpfen, doch Lalla kochte sie alle aus Versehen, als sie eine Dinnerparty vorbereitete.

Kurz nachdem Willie mit der Hühnerzucht angefangen hatte, wurde er ernsthaft krank. Lalla, die nicht in der Lage war, damit zurechtzukommen, rannte in die Nachbarhäuser, schlug dort auf die Betten ein und versprach, zum Katholizismus überzutreten, sollte Willie gesund werden. Das wurde er nicht, und Lalla blieb allein zurück, um ihre zwei Kinder großzuziehen.

Sie war noch keine Dreißig, und in den nächsten Jahren war ihre engste Freundin ihre Nachbarin Rene de Saram, die ebenfalls eine Meierei hatte. Renes Mann mochte Lalla nicht und mochte die Hühner seiner Frau nicht. Lalla und die Hühner weckten ihn jeden Morgen vor Sonnenaufgang, besonders Lalla mit ihrem lauten Lachen, das durch den Garten filterte, während sie die Melker einteilte. Eines Morgens wachte Rene in völliger Stille auf, und als sie in den Garten ging, fand sie ihren Mann vor, der allen Hühnern die Schnäbel mit einem Stück Bindfaden zusammenband, in einigen Fällen auch mit Gummiband. Sie protestierte, doch er setzte sich durch, und bald mußten sie zusehen, wie ihre Hühner einen Todestanz aufführten und an Erschöpfung und Hunger starben; ein paar schafften es, die Inner Flower Road entlangzufliehen, einige wurden von einer rasenden Lalla in den Falten ihres langen braunen Kleides entführt und nach Palm Lodge gebracht, wo sie sie kochen ließ. Ein Jahr darauf verfiel der Ehemann in völliges Schweigen, und die einzigen Geräusche, die man aus seinen Zimmern hörte, waren Gebell und später Hühnergackern. Man nimmt an, daß er das Opfer eines Fluchs wurde. Mehrere Wochen lang gackerte, bellte und zirpte er, verwandelte seine Federkissen in Schneestürme, scharrte auf den teuren Parkettfußböden herum und sprang von den Fensterbrettern im ersten Stock auf den Rasen. Nachdem er sich erschossen hatte, blieb Rene im Alter von zweiunddreißig Jahren zurück, um ihre Kinder großzuziehen. So hatten beide, Rene und Lalla, nachdem sie jahrelang in Saus und Braus gelebt hatten, harte Zeiten vor sich – und überlebten mit Hilfe von Witz und Charakter und Schönheit. Beide Witwen standen bald im Zentrum des Interesses zahlreicher gelangweilter Ehemänner. Keine von beiden heiratete wieder.

Jede von ihnen hatte fünfunddreißig Kühe. Das Melken begann um vier Uhr dreißig morgens, und um sechs radelten ihre Milchmänner durch die ganze Stadt, um die frische Milch an die Kunden auszuliefern. Lalla und Rene nahmen das Gesetz in die eigene Hand, wann immer das nötig war. Als eine ihrer Kühe an Rinderpest erkrankte – eine Seuche, die Regierungsbeamte dazu veranlassen konnte, eine Meierei für Monate zu schließen –, nahm Rene die Armeepistole, die schon ihren Mann getötet hatte, und erschoß sie persönlich. Mit Lallas Hilfe verbrannte sie sie und vergrub sie im Garten. Die Milch wurde an jenem Morgen wie üblich ausgeliefert, die Blechbehälter schlugen gegen die Lenker mehrerer Fahrräder.

Lallas Aufseher zu jener Zeit hieß Brumphy, und als ein Schotte namens McKay ein Dienstmädchen belästigte, erstach ihn Brumphy. Bis die Polizei kam, hatte ihn Lalla in einem ihrer Schuppen versteckt, und als sie ein zweites Mal kam, hatte sie ihn zu einer Nachbarin namens Lillian Bevan gebracht. Aus irgendeinem Grund billigte Mrs. Bevan alles, was Lalla tat. Sie war krank, als Lalla hereingestürmt kam, um Brumphy unter dem Bett zu verstecken, dessen Oberdecke mit breiten, bis auf den Boden reichenden Spitzen besetzt war. Lalla erklärte, daß es sich nur um ein geringes Vergehen handele; als die Polizei zu den Bevans kam und die brutale Messerstecherei in bildlicher Genauigkeit beschrieb, war Lillian entsetzt, da der Mörder nur einen Meter von ihr entfernt war. Doch sie konnte Lalla nicht enttäuschen und hielt den Mund. Die Polizei observierte das Haus zwei Tage lang, und Lillian halbierte gehorsam ihre Mahlzeiten und schob den anderen Teil unter das Bett. »Ich bin stolz auf dich, Schätzchen!« sagte Lalla, als sie schließlich Brumphy an einen anderen Ort geschafft hatte.

Dennoch kam es zu einer Gerichtsverhandlung, der der Richter E. W. Jayawardene vorsaß – einer von Lallas bevorzugten Bridgepartnern. Als sie aufgerufen wurde, um ihre Aussage zu machen, redete sie ihn fortwährend mit »Mein Herr und mein Gott« an. E. W. war zu der Zeit wahrscheinlich einer der häßlichsten Männer auf Ceylon. Als er Lalla fragte, ob Brumphy gut aussehe – er versuchte wohl scherzhaft, ein Motiv zu finden, warum sie ihn beschützte –, antwortete sie: »Gutaussehend? Wer weiß, mein Herr und mein Gott, vielleicht halten einige Leute *Sie* für gutaussehend.« Sie wurde des Gerichtssaals verwiesen, während die Galerie sich ausschüttete vor Lachen und ihr stehend applaudierte. Dieser Dialog ist noch immer in den Akten im Gerichtsmuseum an der Buller's Road festgehalten. Auf jeden Fall fuhr sie fort, mit E. W. Jayawardene

Bridge zu spielen, und ihre Söhne waren nach wie vor enge Freunde.

Abgesehen von den seltenen Auftritten vor Gericht (manchmal ging sie hin, wenn Freunde eine Aussage zu machen hatten) war Lallas Tagesablauf sehr genau geplant. Sie stand um vier mit den Melkern auf, beaufsichtigte die Meierei, kontrollierte die Bücher und war gegen neun Uhr damit fertig. Der Rest des Tages war dem Amüsement gewidmet – Einladungen bei Bekannten, Lunchpartys, Besuchen von Verehrern und Bridgespielen. Und sie erzog ihre beiden Kinder. Im Garten von Palm Lodge probten meine Mutter und Dorothy Clementi-Smith ihre Tänze, oft von Kühen umringt.

* * *

Jahrelang war Palm Lodge Anziehungspunkt für eine Gruppe, die sich beständig gleichblieb – erst kamen sie als Kinder, dann als Teenager und dann als junge Erwachsene. Fast ihr ganzes Leben lang scharte Lalla Kinder um sich, denn sie war die legerste und pflichtvergessenste aller Anstandsdamen, da sie viel zu sehr mit ihrem eigenen Leben beschäftigt war, um alle zu beaufsichtigen. Hinter Palm Lodge lag ein Reisfeld, das ihr Anwesen von »Royden« trennte, wo die Daniels lebten. Als es Beschwerden gab, weil Horden von Kindern mit schlammigen Füßen auf Royden umherrannten, kaufte Lalla zehn Paar Stelzen und brachte ihnen bei, auf diesen »borukakuls«, den »lügenden Beinen«, über die Reisfelder zu gehen. Lalla konnte den Kindern keinen Wunsch abschlagen, wenn sie Bridge spielte, also wußten sie, wann sie um ihre Erlaubnis für die unmöglichsten Sachen fragen mußten. Jedes Kind mußte Teil der Gruppe sein. Sie war ganz besonders dagegen, daß Kinder an Samstagen zum Nachhilfeunterricht geschickt wurden, mietete eine Wallacekutsche und ging auf die Suche nach Kindern wie Peggy Peiris. Sie rauschte gegen Mittag in die Schule und schrie »PEGGY!!!«, flatterte in ihren langen, schwarzen, wallenden Gewändern die Gänge hinunter wie ein Gockel, der seine Schwanzfedern schleifen läßt, und Peggys Freunde lehnten sich über das Geländer und sagten, »Schau mal, deine verrückte Tante ist da«.

Als diese Kinder älter wurden, stellten sie fest, daß Lalla nur sehr wenig Geld besaß. Sie führte Gruppen von ihnen zum Essen aus, und man weigerte sich, sie zu bedienen, weil sie die ausstehenden Rechnungen nicht bezahlt hatte. Trotzdem gingen alle mit, obwohl sie sich nie sicher sein konnten, ob sie etwas zu essen bekommen würden. Das gleiche passierte bei Erwachsenen. Während einer ihrer grandiosen Dinnerpartys bat sie Lionel Wendt, der sehr schüchtern war, den Braten zu schneiden. Ein großer Topf wurde vor ihm abgestellt. Als er den Deckel hob, sprang ein Zicklein heraus und schlitterte vom Tisch. Lalla hatte sich mit dem Scherz so viel Mühe gemacht – die Ziege am Morgen gekauft und einen Topf gesucht, der groß genug war –, daß sie das eigentliche Dinner vergessen hatte, und so gab es nichts zu essen, nachdem sich der Schock und das Gelächter gelegt hatten.

In den ersten Jahren konnten sich ihre zwei Kinder, Noel und Doris, kaum rühren, ohne nicht eine Rolle in Lallas täglichem Theater zu spielen. Sie dachte sich ständig Kleider für meine Mutter aus, die diese zu Kostümbällen tragen sollte – damals der letzte Schrei. Wegen Lalla gewann meine Mutter, als sie knapp zwanzig war, drei Jahre lang jeden Kostümwettbewerb. Lalla tendierte zu Tieren, speziell zu Meerestieren. Die Glanzleistung war der Auftritt meiner Mutter als Hummer beim Galle Face Tanz – das Kostüm leuchtendrot und mit Krebstieren bedeckt und Scheren, die aus ihren Schulterblättern wuchsen und sich von selbst zu bewegen schienen. Das Problem war, daß sie sich den ganzen Abend lang nicht setzen konnte, sondern gehen oder steif seitwärts Walzer mit ihren zahlreichen Beaus tanzen mußte, die zwar die Idee hinter der Ausrüstung respektierten, jedoch feststellen mußten, daß ihre schöne Figur nahezu unnahbar war. Wer weiß, vielleicht war das Lallas eigentliches Motiv. Jahrelang wurde meine Mutter aus der Entfernung bewundert. Auf dem Ballsaalparkett fiel sie auf in ihrer Krustentierschönheit, doch Klauen oder raupenartige Ausbuchtungen ließen bei ihren Verehrern den Gedanken an Verführung kaum aufkommen. Wenn sich die Paare absetzten, um im Mondenschein auf dem Rasen von Galle Face entlangzuspazieren, wäre es wohl ziemlich peinlich gewesen, in Begleitung eines Hummers gesehen zu werden.

Als meine Mutter schließlich ihre Verlobung mit meinem Vater bekanntgab, wandte sich Lalla an Freunde und sagte: »Was *hältst* du davon, Schätzchen, sie wird einen Ondaatje heiraten … sie wird einen *Tamilen* heiraten!« Jahre später, als ich meiner Mutter meinen ersten Gedichtband schickte, kam sie meiner Schwester mit entsetztem Gesicht unter der Tür entgegen und sagte in genau dem gleichen Ton und der gleichen Formulierung: »Was *hältst* du davon, Janet«, (sie stützte die Wange in die Hand, um die Tragödie zu unterstreichen), »Michael ist ein *Dichter* geworden!« Lalla fuhr fort, das tamilische Element in der Familie meines Vaters zu betonen, was ihm ungeheuer gefiel. Für die Trauungszeremonie ließ sie zwei Hochzeitsstühle im Hindustil dekorieren und lachte während der ganzen Feierlichkeiten. Doch dieses Ereignis war der Beginn eines Krieges mit meinem Vater.

Im täglichen Zusammenleben können exzentrische Menschen außerordentlich irritierend sein. So sprach meine Mutter zum Beispiel merkwürdigerweise nie mit mir über Lalla. Lalla wurde von jenen am meisten geliebt, die sie aus der Entfernung wie einen Sturm heranbrausen sahen. Sie liebte Kinder, liebte zumindest Gesellschaft jeder Art – Kühe, Erwachsene, Babys, Hunde. Sie mußte stets umringt sein. Doch von jemandem »beansprucht« oder »eingeengt« zu werden, machte sie rasend. Sie konnte sich gut in das Wesen von Kindern einfühlen, vermied es aber gewöhnlich, sie auf dem Schoß zu halten. Und sie konnte es nicht leiden, wenn ihre Enkelkinder sie bei Spaziergängen an der Hand hielten. Sie führte sie rasch auf den Eingang zu dem furchterregenden Irrgarten im Nuwara Eliya Park zu und ließ sie dann im Stich, während sie loszog, um Blumen zu stehlen. Sie war stets entschlossen, selbstsüchtig zu sein, wenn es um ihre physische Belange ging. Noch als sie um die Sechzig war, beklagte sie sich, wie sie immer »festgenagelt« worden sei, um ihrem Sohn die Brust zu geben, bevor sie zum Tanz gehen konnte.

* * *

Als die Kinder großgezogen und aus dem Weg waren, beschäftigte sich Lalla mit ihren Schwestern und Brüdern. »Dickie« war scheinbar dauernd mit Heiraten beschäftigt; nachdem David Grenier ertrunken war, heiratete sie einen de Vos, einen Wombeck und dann einen Engländer. Lallas Bruder Vere versuchte sein Leben lang, Junggeselle zu bleiben. Als sie mit dem Katholizismus liebäugelte, beschloß sie, daß Vere die Schwester ihres Pfarrers heiraten sollte – eine Frau, die eigentlich Nonne hatte werden wollen. Die Schwester brachte außerdem eine Mitgift von dreißigtausend Rupien mit, und Lalla und Vere waren zu der Zeit knapp bei Kasse, denn beide mochten teure Trinkgelage. Lalla leitete die Heirat in die Wege, obwohl die Frau nicht gut aussah und Vere gutaussehende Frauen mochte. In der

Hochzeitsnacht betete die Braut eine halbe Stunde lang neben dem Bett und begann dann, Kirchenlieder zu singen, also verschwand Vere und verzichtete damit auf eheliches Glück, und ihr Leben lang hatte die arme Frau ein Schild über ihrer Tür, auf dem stand: »Ungeliebt. Ungeliebt. Ungeliebt.« In der darauffolgenden Woche ging Lalla zur Messe, nachdem sie eine üppige Mahlzeit zu sich genommen hatte. Als man ihr das Abendmahl verweigerte, sagte sie: »Dann trete ich aus« und mied die Kirche für den Rest ihres Lebens.

Ein gut Teil meiner Verwandtschaft aus dieser Generation scheint die Kirche sexuell gequält zu haben. Italienische Mönche, die sich in gewisse Tanten verliebt hatten, kehrten nach Italien zurück, um die Soutane abzulegen, und kamen wieder, um die Frauen bereits verheiratet vorzufinden. Selbst Jesuitenpater kehrten der Kirche den Rücken und wandten sich mit der Regelmäßigkeit von Mangos, die in der Trockenzeit auf verdorrten Rasen fallen, der Liebe zu den de Sarams zu. Vere wurde das Interesse verschiedener religiöser Gemeinschaften zuteil, die ihn zu retten versuchten. Und in seinen letzten Lebensmonaten wurde er von einer Gruppe römisch-katholischer Nonnen in Galle »gefangengehalten«, so daß niemand wußte, wo er war, bis sein Tod bekanntgegeben wurde.

Vere war bekannt als ein »reizender Trunkenbold«, und er und Lalla tranken stets gemeinsam. Während Lalla laut und ausgelassen wurde, wurde Vere überschwenglich höflich. Doch Trinken war gefährlich für ihn, weil er unter Alkoholeinfluß zu glauben anfing, er könne den Gesetzen der Schwerkraft entgehen. Er versuchte dauernd, seinen Hut an Wände zu hängen, an denen es keinen Haken gab, und stieg oft aus Booten aus, um nach Haus zu gehen. Doch das Trinken ließ ihn schweigsam werden, außer bei diesen seltenen Exzessen. Sein enger Freund, der Anwalt

Cox Sproule, war ein ganz anderer Fall. Cox war in nüchternem Zustand charmant und brillant in betrunkenem Zustand. Er erschien vor Gericht, stolperte bei glasklarem Verstand über Stühle und gewann Fälle unter dem Vorsitz von Richtern, die ihn noch am Morgen angefleht hatten, nicht in diesem Zustand vor Gericht zu erscheinen. Er haßte die Engländer. Anders als Cox hatte Vere keinen Beruf, in dem er hätte entwickeln können, was immer er auch an Talenten besaß. Er hatte versucht, Auktionator zu werden, doch da er sowohl schüchtern als auch Säufer war, versagte er. Der einzige Job, an den er herankam, war die Beaufsichtigung von italienischen Gefangenen während des Krieges. Einmal die Woche fuhr er auf seinem Motorrad nach Colombo und brachte seinen Freunden und seiner Schwester so viele Flaschen Alkohol wie möglich. Er hatte die Gefangenen ermuntert, eine Brauerei zu betreiben, also gab es im Gefangenenlager in jeder Hütte eine Schnapsbrennerei. Während der Kriegsjahre war er die meiste Zeit zusammen mit den Gefangenen betrunken. Sogar Cox Sproule schloß sich ihm für sechs Monate an, als er eingesperrt wurde, weil er drei deutschen Spionen zur Flucht verholfen hatte.

Was mit Evan, Lallas anderem Bruder, geschah, weiß keiner. Doch ihr ganzes Leben lang schickte Lalla das Geld, das ihr die Kinder zukommen ließen, direkt an Evan weiter. Man hielt ihn für einen Dieb, und Lalla liebte ihn. »Jesus starb für die Sünder«, sagte sie, »und ich werde für Evan sterben.« Evan schafft es, dem Familiengedächtnis zu entrinnen, er taucht nur dann und wann auf, um jedem Freund, der für ein öffentliches Amt kandidiert, einen ganzen Stimmenblock anzubieten, indem er alle seine illegitimen Kinder anschleppt.

* * *

Mitte der dreißiger Jahre wurden Lallas und Renes Meiereien von der Rinderpest ruiniert. Beide tranken heftig, und beide waren pleite.

Wir kommen jetzt zu der Zeit, in der man sich am besten an Lalla erinnert. Ihre Kinder waren verheiratet und aus dem Weg. Der größte Teil ihres gesellschaftlichen Lebens hatte sich in Palm Lodge abgespielt, doch nun mußte sie das Haus verkaufen, und sie brach über das Land und über ihre Freunde herein wie ein Monarch aus alten Zeiten, der all seine Besitzungen verloren hat. Es stand ihr frei, zu gehen, wohin immer sie wollte, frei, zu tun, wozu immer sie Lust hatte. Sie nutzte jeden gründlich aus und hatte überall im Land ihre Stützpunkte. Ihre Projekte, wenn es darum ging, Partys und Bridgepartien zu organisieren, wurden immer übertriebener. Sie war erfüllt von der »Leidenschaft«, ob betrunken oder nicht. Sie hatte immer Blumen gemocht, doch in ihrem letzten Jahrzehnt konnte sie sich nicht mehr damit abgeben, welche zu pflanzen. Doch wann immer sie zu Besuch kam, hatte sie einen Arm voller Blumen dabei und erklärte: »Schätzchen, ich war gerade in der Kirche und habe für dich ein paar Blumen gestohlen. Die hier sind aus Mrs. Abeysekares Garten, die Lilien stammen aus dem von Mrs. Ratnayake, der Agapanthus von Violet Meedeniya, und der Rest ist aus *deinem* Garten.« Sie stahl Blumen wie unter Zwang, sogar in Gegenwart des Besitzers. Während sie sich mit jemandem unterhielt, verirrte sich ihre linke Hand und riß eine kostbare Rose mitsamt den Wurzeln aus, alles nur, um sie diesen einen Augenblick lang zu genießen, sie mit ungeteilter Freude zu betrachten, ihre Eigenschaften ganz in sich aufzunehmen – und sie dann achtlos dem Besitzer zu reichen. Sie plünderte einige der schönsten Gärten in Colombo und Nuwara Eliya. Ein paar Jahre lang durfte sie die Hakgalle Public Gardens nicht betreten.

Besitztümer waren dazu da, genommen oder verschenkt zu werden. Als sie reich war, hatte sie Partys für alle armen Kinder in der Nachbarschaft gegeben und Geschenke verteilt. Als sie arm war, organisierte sie sie noch immer, doch nun ging sie am Morgen der Party auf den Pettah-Markt und stahl Spielzeug. Ihr ganzes Leben lang hatte sie alles, was sie besaß, hergegeben an jeden, der es haben wollte, und so fühlte sie sich jetzt berechtigt, zu nehmen, was immer sie wollte. Sie war eine poetische Sozialistin. In ihren letzten Jahren hatte sie kein Zuhause mehr, also schneite sie übers Wochenende oder gar für Wochen bei Bekannten herein, betrog beim Bridge ihre engsten Freunde, schimpfte sie »verdammte Diebe«, »üble Gauner«. Sie spielte nur um Geld, und sah sie sich einem schwierigen Kontrakt ausgesetzt, so warf sie ihr Blatt hin, sammelte die anderen ein und erklärte: »Der Rest gehört mir.« Jeder wußte, daß sie log, aber das machte nichts. Einmal, als mein Bruder und meine zwei Schwestern, die damals noch sehr klein waren, auf der Veranda Karten spielten, kam Lalla und schaute zu. Sie wanderte zwischen ihnen hin und her und schien sehr irritiert. Nach zehn Minuten hielt sie es nicht länger aus, zog den Geldbeutel heraus, gab jedem von ihnen zwei Rupien und sagte: »Spielt niemals, *niemals* Karten nur zum Spaß.«

Sie war in ihren besten Jahren. Während des Krieges eröffnete sie in Nuwara Eliya eine Pension, zusammen mit Muriel Potger, einer Kettenraucherin, die die ganze Arbeit machte, während Lalla durch die Zimmer rauschte und sagte: »Muriel, um Himmels willen, wir kriegen ja keine Luft hier drin!« – und mehr störte, als daß sie half. Mußte sie ausgehen, sagte sie: »Ich mach' mich nur schnell frisch« und verschwand in ihr Zimmer, um sich einen steifen Drink zu genehmigen. War kein Alkohol vorhanden, nahm sie einen kräftigen Schluck Eau de Cologne, um wieder fit zu sein. Alte Verehrer besuchten sie ihr ganzes Leben lang.

Sie weigerte sich, Freunde zu verlieren; selbst ihr erster Beau, Shelton de Saram, kam nach dem Frühstück, um sie auf Spaziergängen zu begleiten. Seine unglückliche Frau Frieda rief stets zuerst Lalla an und verbrachte viele Nachmittage damit, auf der Suche nach ihnen in ihrem Einspänner durch die Cinnamon Gardens oder den Park zu fahren.

Lalla konnte den außerordentlichen Ruhm für sich in Anspruch nehmen, die erste Frau auf Ceylon gewesen zu sein, die eine Mastektomie vornehmen ließ. Sie stellte sich als unnötig heraus, doch sie behauptete stets, die moderne Wissenschaft zu unterstützen, und begeisterte sich für neue Ziele. (Selbst nach ihrem Tod überschritt ihre Großzügigkeit das physisch Mögliche, denn sie hatte ihre Leiche sechs Krankenhäusern gleichzeitig vermacht.) Die falsche Brust hielt nie lange still. Lalla war eine energische Person. Die Brust kroch zu ihrem Zwilling auf der rechten Seite oder tauchte manchmal auf ihrem Rücken auf, »zum Tanz«, sagte Lalla mit einem Grinsen. Sie nannte sie ihren Ewigen Juden und schrie ihre Enkelkinder mitten während eines formellen Dinners an, ihre Brust zu holen, die sie vergessen hatte, einzusetzen. Sie verlor dauernd ihre Prothese an die Diener, denen sie große Rätsel aufgab, und an Chindit, den Hund, Chindit, den man am Schaumstoff knabbernd vorfand, als sei es zartes Hühnerfleisch. Sie verbrauchte vier Brüste in ihrem Leben. Eine ließ sie nach einem Regenschauer auf einem Ast in den Hakgalle Gardens zum Trocknen zurück, eine flog davon, als sie bei Vere hinten auf dem Motorrad mitfuhr, und mit der dritten tat sie sehr geheimnisvoll, beinah peinlich berührt, obwohl Lalla nichts peinlich war. Die meisten glaubten, sie sei nach einer romantischen Begegnung mit einem Mann, der Kabinettsmitglied war oder auch nicht, in Trincomalee vergessen worden.

* * *

Kinder erzählen wenig mehr als Tiere, sagte Kipling. Als Lalla am Elterntag in die Bishop's College Girl School kam und hinter die Büsche pinkelte – oder als sie in Nuwara Eliya einfach breitbeinig dastand und urinierte –, waren meine Schwestern so peinlich berührt und beschämt, daß sie dies mehr als fünfzehn Jahre lang einander weder zugaben noch darüber sprachen. Lallas Sohn Noel war über sie am meisten entsetzt. Sie jedoch war auf seinen Erfolg ungeheuer stolz, und meine Tante Nedra erinnert sich daran, wie sie Lalla auf einem Sack Reis im Fischmarkt sitzen sah, von Arbeitern und Fischern umringt, mit denen sie eines ihrer langen täglichen Schwätzchen hielt, und wie sie auf das Bild eines Richters mit Perücke in der *Daily News* deutete und auf Singhalesisch sagte, daß *dies ihr* Sohn sei. Doch Lalla konnte nicht einfach nur Mutter sein; das schien nur ein Reflex ihrer chamäleonhaften Natur, die sich mit zu vielen anderen Dingen beschäftigen mußte. Und ich bin mir auch nicht sicher, welche Beziehung meine Mutter zu ihr hatte. Vielleicht waren sie sich zu ähnlich, um überhaupt zu merken, daß es da vielleicht Probleme gab; beide hatten sie ein übergroßes, mitfühlendes Herz, beiden waren Rachegelüste und Engstirnigkeit vollkommen fremd, beide brüllten und tobten sie vor Lachen bei dem kleinsten Scherz, beide trugen ihr eigenes Theater auf ihrem Rücken. Lalla blieb das Zentrum der Welt, durch die sie wandelte. Sie war schön, als sie jung war, doch sie war erst richtig ungebunden, nachdem ihr Mann gestorben war und die Kinder erwachsen waren. Da war ein Gefühl für ein göttliches Recht, von dem sie glaubte, daß sie und alle anderen es besäßen, selbst wenn sie darum betteln oder es stehlen mußte. Diese anmaßende magische Blume.

* * *

In ihren letzten Jahren war sie auf der Suche nach dem großen Tod. Sie suchte sie unter dem Laub, doch die große
Schlange fand sie nie, den Giftzahn, der den Knöchel streifen würde wie ein Wispern. Eine ganze Generation um sie
herum wurde alt oder starb. Premierminister fielen von
Pferden, eine Qualle rutschte einem berühmten Schwim-
mer in die Kehle. Während der vierziger Jahre bewegte sie
sich mit dem Rest des Landes Richtung Unabhängigkeit
und zwanzigstes Jahrhundert. Ihre Freiheit nahm zu. Ihre
Arme winkten noch immer fremden Autos, wenn sie zum
Pettah-Markt fahren wollte, wo sie mit ihren Freunden
tratschte und Wetten in obskuren kleinen Wettbüros ab-
schloß. Alles, was sie wirklich brauchte, trug sie bei sich,
und eine Freundin, die ihr einmal an einem Bahnhof begegnete, war entsetzt, als sie einen riesigen Fisch geschenkt
bekam, den Lalla in ihre Handtasche gestopft hatte.

Sie konnte so schweigsam wie eine Schlange oder eine
Blume sein. Sie liebte den Donner; er sprach zu ihr wie ein
König. Als sei ihr friedfertiger toter Ehemann in einen kos-
mischen Schiedsrichter verwandelt worden und halte das
Megaphon der Natur. Himmelsgeräusche und plötzliches
Leuchten erzählten ihr Einzelheiten über Karrieren, plötz-
liche Eingebungen erlaubten ihr, alles zu riskieren, weil der
Donner sie warnen würde, zusammen mit der Schlange des
Blitzes. Oft hielt sie den Wagen an und schwamm im Maha-
veli, unbeirrt von den Strudeln, mit ihrem Hut auf dem
Kopf. Stieg aus dem Fluß, ließ sich fünf Minuten lang in
der Sonne trocknen und kletterte unter den entsetzten
Blicken ihrer Gefährten ins Auto zurück, ihre riesige
Handtasche wieder auf dem Schoß, mit vier Kartenspielen
und womöglich einem Fisch.

Im August 1947 machte sie eine kleine Erbschaft, rief
daraufhin ihren Bruder Vere an, und zusammen fuhren sie
mit seinem Motorrad nach Nuwara Eliya. Sie war achtund-

sechzig Jahre alt. Das sollten ihre letzten Tage sein. Die Pension, die sie während des Krieges beaufsichtigt hatte, stand leer, also kauften sie Essen und Alkohol und zogen dort ein, um »Ajouṭha« zu spielen – ein Kartenspiel, das normalerweise mindestens acht Stunden dauert. Das war ein Spiel, das die Portugiesen den Singhalesen im fünfzehnten Jahrhundert beigebracht hatten, damit sie Ruhe gaben und beschäftigt waren, während sie das Land eroberten. Lalla machte ein paar Flaschen Rocklands Gin auf (dieselbe Marke, die ihren Schwiegersohn zugrunde richtete), und Vere bereitete die italienischen Gerichte zu, die er von seinen Kriegsgefangenen gelernt hatte. In ihren früheren Tagen in Nuwara Eliya war Lalla bei Morgengrauen aufgestanden, um im Park spazierenzugehen – der zu dieser Stunde nur von Nonnen und Affen bevölkert war – und um den Golfplatz zu laufen, wo die Gärtner unter dem Gewicht gigantischer, pythongleicher Schläuche schwankten, während sie den Rasen wässerten. Doch nun schlief sie bis Mittag und fuhr am frühen Nachmittag zu den Moon Plains, ihre Arme hinter Vere wie ein Kruzifix ausgebreitet.

Moon Plains. In blaue und goldene Blumen getaucht, deren Namen zu lernen sie sich nie die Mühe gemacht hatte, vom Wind zerzaust, Meile um Meile gegen die Hügel gewinkelt, tausendfünfhundert Meter über dem Meer. Sie beobachteten den Abgang der Sonne und das plötzliche Erscheinen des Mondes auf halber Höhe des Himmels. Diese lieblichen, zufälligen Monde – ein Horn ein Kelch ein Daumennagel –, und dann stiegen sie auf das Motorrad, der sechzig Jahre alte Bruder und die achtundsechzig Jahre alte Schwester, die stets seine beste Freundin war.

Bei der Rückfahrt am 13. August 1947 hörten sie den wilden Donner, und sie wußte, daß jemand sterben würde. Doch war es ein Tod, der nicht dort draußen gelesen wurde. Sie sah sich um und lauschte, aber es schien kein

Opfer, kein Parabelende jenseits von ihr zu geben. Die letzte Meile bis zum Haus regnete es stark, und sie gingen hinein, um den Rest des Abends über zu trinken. Am nächsten Tag regnete es noch immer, und sie lehnte Veres Angebot, sie zu fahren, ab, weil sie wußte, daß bald der Tod kommen würde. »Kann diesen perfekten Körper nicht ruinieren, Vere. Die Polizei würde Stunden damit verbringen, meine Brust zu suchen, und denken, sie sei bei dem Unfall abhanden gekommen.« Also spielten sie zu zweit Ajoutha und tranken. Doch nun konnte sie überhaupt nicht mehr schlafen, und sie redeten, wie sie es nie zuvor getan hatten, über Ehemänner, Liebhaber, seine diversen Heiratspläne. Sie erwähnte ihre Auslegung des Donners Vere gegenüber nicht, der nun fast bewußtlos auf dem mit blauen Vögeln bedruckten Sofa saß. Doch sie konnte nicht wie er die Augen schließen, und um fünf Uhr früh am 15. August 1947 brauchte sie frische Luft, brauchte einen Spaziergang, einen Gang zu den Moon Plains, kein Motorrad, keine Gefahr, und sie ging hinaus in die noch dunkle Nacht, der ganz frühen Morgendämmerung, direkt in die Fluten hinein.

Zwei Tage und Nächte lang war ihnen das Ausmaß der Zerstörung außerhalb ihres Hauses nicht bewußt geworden. In jenem Jahr wurde das ganze Land von den Regenfällen verwüstet. Ratmalana, Bentota, Chilaw, Anuradhapura standen völlig unter Wasser. Die zwölf Meter hohe Peredeniyabrücke war fortgeschwemmt worden. In Nuwara Eliya standen das Galway's-Land-Vogelschutzgebiet und der Golfplatz drei Meter unter Wasser. Schlangen und Fische aus dem See schwammen durch die Fenster des Golfklubs in die Bar und um die Badmintonhalle herum. Nach dem Rückgang der Flut eine Woche später fand man Fische, die sich in den Badmintonnetzen verfangen hatten. Lalla entfernte sich einen Schritt von der Veranda und wurde sofort von einem Wasserarm fortgerissen. Ihre Handtasche platzte auf, und 208 Karten schwammen vor ihr her wie aus dem Nest geworfene Vögel, als sie, noch immer gelassen und betrunken, den Hügel hinabgestoßen wurde, verfingen sich für einen Augenblick im Gittertor des Klosters zum Guten Hirten und trieben dann auf die Stadt Nuwara Eliya zu.

Das war ihre letzte perfekte Reise. Der neue Fluß in der Straße trieb sie direkt über den Rennplatz und den Park auf den Busbahnhof zu. Als es langsam hell wurde, wurde sie schnell vorwärtsgewirbelt, »glitt« (noch immer festen Glaubens, auch dies zu überleben) neben Zweigen und Blättern her, die Dämmerung traf auf Flamboyantbäume, als sie an ihnen vorbeitrieb wie ein dunkler Baumstumpf, Schuhe verloren, falsche Brust verloren. Sie war frei wie ein Fisch, reiste so schnell wie seit Jahren nicht, so schnell wie Veres Motorrad, nur daß da dieses *Toben* um sie herum war. Sie überholte Jesus-Eidechsen, die schnell schwammen und über das Wasser flitzten, sie war von erschöpften, halbertrunkenen Fliegenschnäppern umringt, die *tack tack tack tack* kreischten, Froschmäulern, Nachtschwalben, die wach bleiben mußten, Hirnfiebervögel mit ihren irritierenden ansteigenden Tonleitern, Schlangenadlern, Sicheltimalien, sie flogen um Lalla herum, wollten auf ihr landen, da es unmöglich war, sich irgendwo niederzulassen, außer auf Dingen, die sich bewegten.

Was sich bewegte, war die reißende Flut. Im Park trieb sie über die labyrinthischen Fichtenhecken des Irrgartens – der ihre Enkelkinder stets in Angst und Schrecken versetzen sollte –, sein Geheimnis für sie nun nackt wie ein Skelett ausgebreitet. Auch die symmetrischen Blumenbeete wurden nun allmählich vom Tageslicht gestreift, und Lalla blickte verwundert auf sie hinab, trieb dabei so träge dahin wie der lange dunkle Schal, der von ihrem Hals wehte und die Zweige streifte, ohne sich darin zu verfangen. Sie trug stets Seide, wie sie uns, ihren Enkelkindern, vorführte, zog den Schal, als sei er flüssig, durch den Ring, den sie vom Finger gezogen hatte, zog ihn schläfrig hindurch, so wie sie sich jetzt bewegte, betrachtete ihre Lieblingsbäume, den Gewürznelkenbaum, die Araukarie, aus einem ganzen neuen Blickwinkel, trieb über die nun unnützen eisernen Tore des Parks hinweg und durch die Stadt Nuwara Eliya mit ihren Läden und Ständen, wo sie um Guajaven gefeilscht hatte, alles nun zwei Meter unter Wasser, die Fenster eingedrückt vom Gewicht der ganzen angesammelten Regenmassen.

Als sie langsamer dahintrieb, versuchte sie sich an Gegenständen festzuhalten. Ein Fahrrad traf sie am Knie. Sie sah die Leiche eines Menschen. Sie sah nun auch die ertrunkenen Hunde der Stadt. Vieh. Sie sah Männer, die auf Dächern miteinander kämpften, plünderten, beinahe überrascht von der schnellen Dämmerung in den Bergen, die sie enthüllte; sie beachteten nicht einmal ihre magische Reise, der Alkohol war noch immer in ihr – gelassen und entspannt.

Unterhalb der Hauptstraße von Nuwara Eliya fällt das Land steil ab, und Lalla stürzte in tieferes Wasser, an den Anwesen von »Cranleigh« und »Ferncliff« vorbei. Das waren Häuser, die sie gut kannte, wo sie Karten gespielt und sich deswegen gestritten hatte. Das Wasser dort war ungestümer, und jedesmal, wenn sie unterging, blieb sie länger drunten, kam keuchend wieder hoch und wurde dann wie ein Köder nach unten gezogen, nach unten gezogen von etwas, was nicht mehr angenehm war, und dann war das große Blau direkt vor ihr, wie eine Garbe blauen Weizens, wie ein großes Auge, das ihr entgegenblickte, und sie prallte dagegen und war tot.

Der verlorene Sohn

Hafen

Ich traf mit dem Flugzeug ein, doch ich liebe den Hafen. Abenddämmerung. Und wenn auf den Schiffen die Lichter angehen, die Mondluken, das blaue Gleiten eines Schleppers, die Hafenstraße und ihre Schiffsmakler, Seifenmacher, Eis auf Fahrrädern, die versteckten namenlosen Friseurläden hinter den rosafarbenen dreckigen Mauern der Reclamation Street.

Eine schwache Erinnerung, der Vergangenheit entrissen – zum Hafen gehen, um Schwester oder Mutter auf Wiedersehen zu sagen, Dämmerung. Jahrelang liebte ich das Lied »Harbour Lights«, und später, als Teenager, tanzte ich schamlos mit den Mädchen, summte »Sea of Heartbreak«.

An einem Hafen ist nichts Weises, aber dort findet das wahre Leben statt. Er ist so ehrlich wie eine Kassette aus Singapur. Unermeßliche Wassermassen koexistieren mit Treibgut auf dieser Seite der Hafenmole, und die Luxusdampfer und die maledivischen Fischerboote dampfen hinaus, um die ruhige See auszulöschen. Wem sagte ich auf Wiedersehen? Während ich mit meinem Schwager, einem Hafenlotsen, auf dem Schlepper fahre, singe ich unwillkürlich »the lights in the harbour don't shine for me...« vor mich hin, aber es gefällt mir hier, ich liebe es, in die Nacht hinauszugleiten, völlig anonym in all dem trägen Treiben, während meine Nichten sich tanzend auf der Mole die Zeit vertreiben, die dicke Nachtluft einzuatmen, die sich um mein Hirn herum schnitzt, stumpf, sich selbst mit nichts anderem als dieser Anonymität reinigend, mit den magischen Worten. *Hafen. Verlorengegangenes Schiff. Makler. Mündung.*

Monsuntagebuch (2)

Die Gitterstäbe vor den Fenstern halfen nicht immer. Drangen bei Dämmerung Fledermäuse ins Haus, rannten die schönen langhaarigen Mädchen in die Zimmerecken und verbargen ihre Köpfe unter den Kleidern. Die Fledermäuse schwebten plötzlich wie dunkle Schwadronen durchs Haus – nie länger als zwei Minuten –, kreisten durch die Flure und über den nicht abgeräumten Eßtisch im Speisezimmer und hinaus, die Veranda entlang, wo die Eltern saßen und versuchten, auf einem Kurzwellenempfänger über die BBC die Kricketergebnisse hereinzubekommen.

So stürmte oder kroch wildes Getier in die Häuser. Die Schlange drang entweder durch das Abflußrohr im Bad auf der Suche nach Wasser ein oder kam, wenn sie die Verandatüren offen fand, herein wie ein König und glitt in einer geraden Linie durch Wohnzimmer, Eßzimmer, die Küche und die Räume der Dienstboten und zur Hintertür hinaus, als nähme sie die zivilisierteste Abkürzung zu einer anderen Straße in der Stadt. Andere zogen für immer ein: Vögel nisteten über den Ventilatoren, der Silberfisch kroch in Überseekoffer und Fotoalben – und fraß sich seinen Weg durch Porträts und Hochzeitsbilder. Welche Abbilder vom Familienleben konsumierten sie mit ihren winzigen Kiefern und nahmen sie dann in ihre Körper auf, nicht dicker als die Seiten, die sie fraßen?

Und auch die Tiere an der Peripherie der Zimmer und Veranden, ständig klingen einem ihre Geräusche im Ohr. Bei unserem Ausflug in den Dschungel, während wir um drei Uhr früh auf der Veranda schliefen, wurde die Nacht auf einmal durch aufgeschreckte Pfauen lebendig. Eine zufällige Bewegung von einem der in den Bäumen schlafenden Vögel weckte sie alle auf, sie wurden unruhig und weinten, weinten laut in die Nacht hinaus, so daß es klang, als säßen jede Menge Katzen auf den Ästen.

Eines Nachts stellte ich das Tonbandgerät neben mein Bett, und als ich wieder einmal von den Vögeln aus tiefem Schlaf geweckt wurde, stellte ich automatisch das Gerät an, um sie aufzunehmen. Jetzt und hier, im kanadischen Februar, schreibe ich dies in der Küche und spiele diesen Teil des Bandes ab, und nicht nur höre ich die Pfauen, sondern all die Geräusche der Nacht um sie her – die ich damals nicht wahrnahm, denn sie waren stets da, so wie der eigene Atem. In diesem stillen Zimmer (in dem man wiederum das Summen des Kühlschranks, des Neonlichts überhört) sind nun diese Frösche laut wie ein Fluß, Grunzen, das Pfeifen anderer Vögel, frech und schläfrig, doch in jener Nacht so unauffällig bei dem ganzen Pfauengeschrei, daß das Hirn sie nicht registrierte – nichts als Dunkelheit, all diese süßen, lauten, jüngeren Brüder der Nacht.

Wie ich gebadet wurde

Wir sitzen bei einem formellen Dinner. *String hoppers*, Fleischcurry, Eier-Rulang, Pappadams, Kartoffelcurry. Alices Dattelchutney, *seeni sambol, mallung* und *brinjals* und Eiswasser. Alle Speisen stehen auf dem Tisch, und wir verbringen ein gut Teil der Mahlzeit damit, sie herumzureichen. Das ist mein Lieblingsessen – alles mit Pfannkuchen und Eier-Rulang esse ich mit Heißhunger. Zum Nachtisch gibt es Büffelquark und Jaggerysauce – ein süßer Honig, aus Kokosnuß gewonnen, wie Ahornsirup, aber mit einem rauchigen Geschmack.

In dieser steifen Umgebung fängt Gillian an, allen zu erzählen, wie ich gebadet wurde, als ich fünf war. Sie hatte die Geschichte in allen Einzelheiten von Yasmine Gooneratne gehört, die mit ihr zusammen Vertrauensschülerin im Bishop's College für Mädchen war. Ich höre gespannt zu und achte darauf, daß ich eine ordentliche Portion Eier-Rulang abbekomme.

Die erste Schule, die ich besuchte, war eine Mädchenschule in Colombo, die ein paar Jahre lang Knaben im Alter von fünf, sechs Jahren aufnahm. Die Schwester oder Ayah, die auf unsere Sauberkeit zu achten hatte, war eine kleine, muskulöse und bösartige Frau namens Maratina. Ich trieb mich mit meinem Haufen von Schulfreunden herum, meist waren wir schmutzig von morgens bis abends, und jeden zweiten Abend wurden wir gebadet. Das Badezimmer war ein kahler gefliester Raum mit offenen Abflüssen im Boden und einem Wasserhahn an einer Wand. Maratina führte uns hinein und befahl uns, uns auszuziehen. Sie sammelte unsere Kleider ein, warf sie hinaus und schloß die Tür ab. Dann scheuchte sie uns acht Knaben in eine Ecke, wo wir schlotternd vor Angst der Ereignisse harrten.

Maratina füllte einen Eimer mit Wasser und schleuderte den Inhalt auf unsere kauernden schreienden Körper. Ein weiterer Eimer wurde gefüllt und über uns ausgegossen, und der Strahl traf uns so hart wie ein Wasserwerfer. Dann trat sie vor, zerrte ein Kind bei den Haaren, zog es zur Zimmermitte, schrubbte es erbarmungslos mit Karbolseife ab und warf es auf die andere Seite des Zimmers. Sie zerrte das nächste Kind zu sich her und wiederholte das Einseifen. In totaler Kontrolle über die sich windenden Körper schrubbte sie uns schließlich alle, ging dann zum Eimer zurück und schüttete Wasser über unsere seifige Nacktheit. Triefäugig, taumelig, mit prickelnder Haut, die Haare von der Macht des Wurfs an den Kopf geklatscht, standen wir da, strahlend vor Sauberkeit. Sie kam mit einem Handtuch an, trocknete uns schnell und brutal ab und warf uns einen nach dem anderen hinaus. Dann zogen wir unsere Sarongs an und mußten ins Bett.

Die Gäste, die Kinder, alle lachen, und Gillian übertreibt zweifellos Yasmines Schilderung auf ihre übliche Art, ihre langen Arme ahmen das Einfangen und Abschrubben der Fünfjährigen nach. Ich träume vor mich hin und frage mich, warum mir keine traumatische Erinnerung daran geblieben ist. Es ist die Art von Erlebnis, das als erstes Kapitel eines qualvollen autobiographischen Romans an die Oberfläche hätte kommen sollen. Ich denke auch an Yasmine Gooneratne, die inzwischen an einer Universität in Australien unterrichtet und der ich erst letztes Jahr bei einer Internationalen Autorenkonferenz in Neu-Delhi begegnete. Damals sprachen wir meist über Gillian, die mit ihr auch zur Universität gegangen war. Warum erzählte *sie* mir nicht diese Geschichte – diese seriöse Frau im Sari, die einmal »Badeaufseherin« in der Bishop's-College-Mädchenschule war und die Reinigung meiner dürren fünfjährigen Nacktheit überwachte?

Wilpattu

8. April

Von Anuradhapura fahren wir zum Wilpattu-Dschungel, kommen durch die kleine Stadt Nochiyagama. »Das ist es«, sage ich meiner Tochter, »das wäre ein guter Name für eines deiner Kinder.« *Nochi*. In Wilpattu wird uns dann ein Führer zugewiesen. Er wird die nächsten Tage mit uns verbringen und uns begleiten, wann immer wir Ausflüge mit dem Jeep unternehmen und nach Tieren Ausschau halten. Wir haben nun eine einstündige Fahrt bis zur Mitte des Dschungels vor uns. Eine langsame Sechzehn-Kilometer-pro-Stunde-Fahrt über schlechte Straßen aus rotem Lehm und Sand.

17 Uhr. Manikappolu Utu. Ein großes Holzhaus auf Pfählen und überall frischer »Elefantendung«, der sich als Büffelmist herausstellt. Wir holen alle Lebensmittel, die wir mitgebracht haben, aus dem Jeep und fangen an, unsere schweißgetränkte Kleidung zu wechseln. Auf der Veranda herrscht gedämpftes Licht, stehen Liegestühle aus Rohr. Ein feiner Regen tröpfelt auf das Blechdach, wird dann abrupt zu einem Gewitter, das die Landschaft weißelt. Links vom Haus liegt ein großer Teich, fast ein See, wo die zu dieser Stunde geschlossenen Wasserlilien umher-

treiben und nun hüpfen, vom Regen gepeitscht. Die Mädchen sind draußen in ihren Kleidern und werden naß, und plötzlich stellen wir übrigen fest, daß dies hier im Dschungel die einzige Gelegenheit ist, ein Bad zu nehmen, und wir gehen hinaus in den Sturm. Zu neunt halten wir unsere Arme hoch, um möglichst viel Regen abzubekommen.

Wir sind von diesem Ort leicht betrunken – das schöne Haus, die Tiere, die nun auftauchen, und dieser prasselnde kalte Regen, der die hartgebrannte Erde in roten Schlamm verwandelt. Wir alle sind allein in unserer Einsamkeit. Kümmern uns nicht wirklich um die anderen, sondern genießen nur unser eigenes Vergnügen. Das ist wie gemeinschaftlicher Schlaf. Der Sturm läßt nach und tobt dann wieder los, ungestümer denn je. Der Koch des Bungalows und der Führer schauen von den Türen des Hauses aus zu und können kaum fassen, was dort mit dieser merkwürdigen Mischung von Leuten – Singhalesen, Kanadier und ein schweigsames französisches Mädchen – geschieht, die sich nun mit einem Stück Seife einseifen und sie umherwerfen wie ein schäumendes Elixier, so daß alle plötzlich weiß sind, als trügen sie Unterröcke, und sich nun noch mehr bemühen, den Regen überall zu erwischen, sich nach vorn beugen, um ihn auf Rücken und Schulter landen zu lassen. Einige stellen sich unter den wärmeren Regen der Bäume, andere sitzen, als sei es Sonntag nachmittag, auf einer Bank an dem Teich voller Wasserlilien und Krokodile, und die anderen waten knöcheltief im quirlenden Schlamm beim Jeep. Auf der anderen Seite des Teiches sind etwa dreißig Rehe – wie in einem trockenen Universum. Und Störche am Ufer, deren Spiegelbild zerschmettert wird.

Dann ein neuer Energieausbruch. Ein *val oora*, ein großer, verdreckter schwarzer Eber mit Hauern, die sein unbewegtes Gesicht in eine Fratze mit einer Hasenscharte verwandeln, taucht majestätisch zwischen den Bäumen auf. Er beobachtet uns, so daß uns plötzlich bewußt wird, wie wir aussehen, halb eingeseift, ausgelassen und lächerlich, die Kleidung schwer vom Regen, Sarongs über den Knien. Wir alle – die Lilien, die Bäume mit ihrem windtrunkenen Haar, dieser prächtige *val oora*, der jetzt im Zentrum des Sturms steht – feiern das Vergehen der Hitze. Er bewegt sich mit geraden Schenkeln, steif, aber mit ausgreifendem Gang, und hält höflich Abstand.

Wildes schwarzes Schwein in einem weißen Regenguß, konsterniert wegen dieser Invasion, dieser Metamorphose der Seife, dieses verbeulten Volkswagens, dieses Jeeps. Er könnte sich einen herausgreifen, irgendeinen von uns. Sollte ich bald sterben müssen, dann wünschte ich mir, jetzt unter diesem nassen Alphabet aus Hauern zu sterben, jetzt, da ich abgekühlt bin und sauber und in guter Gesellschaft.

* * *

11. April

Der letzte Morgen in Wilpattu. Jeder packt und debattiert in dem gedämpften frühen Licht. Wo ist die Taschenlampe? Mein Leydenhemd? Wessen Handtuch ist das? Letzte Nacht war ein Leopard auf Jagd und wartete direkt an der Veranda auf eine Gelegenheit, eines der Rehe, die sich nah beim Haus aufhielten, anzuspringen. Unser Abendessen wurde von den Schreien des Rehs unterbrochen, und schnell waren wir alle draußen und nahmen die Taschenlampen, um das rote Auge des Leoparden zu suchen, die grünen Augen des Rehs und später das rote Auge des Krokodils, das gekommen war, um zuzuschauen. Alle warteten gierig auf das Töten.

Als einmal niemand außer dem Koch im Bungalow war, wanderte ein Leopard die Veranda auf und ab. Es ist dieselbe Veranda, auf der wir alle unsere Betten aufgestellt und die letzten drei Nächte geschlafen haben, wo wir uns gegenseitig Gespenstergeschichten erzählten und uns in der Dschungelhitze völlig sicher fühlten. In einem der anderen Bungalows müssen die Gäste hinter verschlossenen Türen schlafen, denn ein Bär erscheint dort regelmäßig jede Nacht, klettert langsam die Stufen hinauf, als sei er erschöpft, und schläft dann auf einem der freien Betten.

An diesem letzten Morgen verlasse ich die anderen und gehe die Treppe hinunter, um meine Seife zu suchen, die ich nach einem unserer Regenbäder auf dem Geländer liegengelassen habe. Es hat jeden Tag geregnet, von halb sechs bis sechs Uhr nachmittags, prasselnde, perfekte Gewitter. Keine Spur von der Seife. Ich frage den Koch und den Führer, und beide geben sie die gleiche Antwort. Das Wildschwein hat sie genommen. *Mein* Wildschwein. Diese abstoßend exotische Kreatur mit dem dicken schwarzen Körper und dem Wulst unsymmetrischer Borsten, die seinen Rücken entlanglaufen. Dieses Ding ist mit meiner Pears-Seife auf und davon? Warum nicht mit meinem Band mit den Rumi-Gedichten? Oder den Merwin-Übersetzungen? Diese Seife war aristokratisch und trug zu meinem Wohlgefühl bei in all den verdreckten Hotels Afrikas, wann immer ich eine Dusche fand. Der Führer und der Koch liefern mir dauernd Beweise dafür, daß es das Schwein war. Es nimmt ständig Sachen mit, nachdem es ein Stückchen davon abgebissen hat, einmal hat es sogar eine Handtasche mitgenommen. Da das Schwein wegen der Abfälle täglich zur Hintertür kommt, fange ich an, ihnen zu glauben. Wozu braucht dieses Wildschwein Seife? Visionen tauchen auf, in denen die Kreatur mit der Pears-Seife zu seinen Freunden zurückkehrt, dann baden sie und seifen sich im Regen in einer unflätigen Parodie auf uns die Achselhöhlen ein. Ich sehe sie vor mir, wie sie mit offenen Mäulern Regentropfen mit der Zunge auffangen, ihre Hufe waschen, zufrieden unter der Dachrinne stehen und dann im Seifenduft zu einem Abendessen aus Manikappolu-Abfällen gehen.

Während ich mich noch über diesen Verlust ärgere, verlassen wir Wilpattu, der Jeep folgt dem Volkswagen. Ich halte die Augen offen, um womöglich einen letzten Blick auf den wilden Eber zu erhaschen – mit meiner Seife zwischen den Hauern und Schaum vorm Maul.

Kuttapitiya

Das letzte Anwesen, auf dem wir als Kinder lebten, hieß Kuttapitiya und war berühmt für seine Gärten. Mauern aus Blumen – ocker-, lavendel-, rosafarben – blühten und verwelkten innerhalb eines Monats, gefolgt von noch übertriebeneren und überzüchteteren Farben. Mein Vater war Aufseher einer Tee- und Kautschukplantage, und jeden Morgen um fünf begann ein Trommler seinen langsamen rhythmischen Schlag, ein Wecker für alle, die dort arbeiteten. Er spielte eine halbe Stunde lang, und langsam und träge standen wir in den blaßblauen Morgenstunden auf. Beim Frühstück konnten wir sehen, wie der Flamboyantbaum und das Zypressenkraut Feuer fingen. Haus und Garten lagen hoch über dem Nebel, der das Tal unten wie eine Matratze füllte und uns von der wirklichen Welt abschnitt. Meine Mutter und mein Vater lebten dort während des größten Teils ihrer Ehe.

Vom Rand des Gartens aus konnten wir die Straße nach Pelmadulla sehen, die sich wie eine lethargische dunkelgelbe Natter dahinschlängelte und im überhängenden Laub verschwand. Alles unter uns schien grün zu sein. Dort, wo wir standen, fielen die zart purpurfarbenen Blätter der Orchideen beim leisesten Windhauch in jemandes Schatten. Es war der ideale Ort für Kinder, die sich austoben durften. Mein Bruder lieh sich eine Pakispetti-Kiste, befestigte Räder daran und holperte die steilen Hänge hinab – ein gefährliches Training für sein zukünftiges Bobfahren. Die Haare wurden uns auf dem Rasen vor dem Haus von einem ambulanten Friseur geschnitten. Und die täglichen Streitereien über Monopoly, Kricket oder Eheangelegenheiten, die in der Einsamkeit dieses Berges aufflammten und vergingen.

Und auch Lalla war dort, wie eine Biene angezogen vom Duft jeder Blume; sie kam jede zweite Woche, nur um den Garten zu plündern, und fuhr dann mit einem Wagen voller Zweige und Äste davon. Mit kaum genügend Platz, um sich zu rühren oder auszustrecken, fuhr sie zurück nach Colombo, still wie eine Tote in einem blumengefüllten Leichenwagen.

In seinen letzten Jahren war mein Vater Gründungsmitglied des Ceylonesischen Kakteen- und Sukkulentenvereins geworden, und sein Interesse dafür kam während seiner Zeit in Kuttapitiya auf – alles nur wegen seines hinterhältigen und abwehrenden Wesens. Er liebte ordentliche Gärten und haßte es, wenn Blumenbeete durch Lallas Raubzüge verwüstet wurden. Langsam nahm die Vegetation in Kuttapitiya einen stacheligen Charakter an. Er begann mit Rosen, doch dann trug Lalla Handschuhe, und so ging er zu Kakteen über. Die Landschaft um uns herum wurde grau. Er hieß den Dornenstrauch willkommen, experimentierte mit knorrigen japanischen Feigenbäumen, zog sich dann auf nützliches Gemüse zurück und die Speere der Sukkulenten. Seine Liebe zu allem, was wächst, nahm einen subtileren Charakter an, das Spektrum wurde enger, und langsam wurden Lallas Besuche seltener. Sie hatte ihre Reisen schließlich nur unternommen, um dann in den Häusern ihrer Freunde in Colombo mit den weichen, im Regen gewachsenen Blüten zu erscheinen.

So war die Familie wieder einmal allein. Wir hatten alles. Das war, und ist noch immer, der schönste Ort auf Erden. Wir fuhren von der Südküste eine fürchterlich holprige Schotterstraße hoch, meine Familie und die von Gillian, staubbedeckt, mit Kopfschmerzen, müde, und hielten vor dem großen Bungalow. Und am Rand des Rasens, auf dem ich als Kind die Haare geschnitten bekam, drehte sich meine Tochter zu mir um und sagte: »Wenn wir hier leben würden, das wäre ideal.« »Ja«, sagte ich.

Reisen in Ceylon

Ceylon tropft auf eine Landkarte, und seine Umrisse bilden die Form einer Träne. Nach den Weiten Indiens und Kanadas ist die Insel so klein. Eine Miniatur. Man fährt fünfzehn Kilometer und findet sich in einer Landschaft wieder, die so anders ist, daß sie von Rechts wegen in ein anderes Land gehörte. Von Galle im Süden bis Colombo, ein Drittel der Strecke die Küste entlang, sind es nur hundertzehn Kilometer. Als die Häuser entlang der Küstenstraße gebaut wurden, hieß es, daß ein Huhn zwischen den beiden Städten laufen konnte, ohne den Boden zu berühren. Das Land ist von labyrinthischen Straßen überzogen, deren einziger Ausgang das Meer ist. Vom Schiff oder Flugzeug aus kann man auf das Durcheinander zurückschauen oder nach unten blicken. Dörfer fluten auf die Straßen, der Dschungel kriecht auf Dörfer zu.

Die Karte von Ceylons Straßen und Eisenbahnlinien ähnelt einem kleinen Garten voller dahinflitzender roter und schwarzer Vögel. Mitte des neunzehnten Jahrhunderts wurde ein siebzehnjähriger englischer Offizier damit beauftragt, den Bau einer Straße von Colombo nach Kandy zu beaufsichtigen. Arbeiter schlugen Pfade in die Bergflanken und hackten durch den Dschungel, bohrten sogar ein riesiges Loch durch einen Felsen an der Haarnadelkurve des Kaduganawa-Passes. Der Bau war beendet, als der Offizier sechsunddreißig war. Zu jener Zeit war diese Art von milder Besessenheit häufig anzutreffen.

Auch mein Vater schien sein ganzes Leben lang mit einer Besessenheit für die Eisenbahn geschlagen zu sein. Bahnfahrten wurden seine Nemesis. Wenn man in den zwanziger und dreißiger Jahren in sturzbetrunkenem Zustand eine Reise unternahm, kam man mit öffentlichen Verkehrsmitteln unbeschadet ans Ziel oder befuhr Straßen mit Gebirgspässen, Felseinschnitten und Vorsprüngen, die einen nüchternen Mann das Fürchten gelehrt hätten. Als Offizier in der ceylonesischen Leichten Infanterie konnte mein Vater gratis mit der Bahn fahren und war auf der Strecke Colombo-Trincomalee berüchtigt.

Es begann ganz harmlos. Als er etwa Mitte Zwanzig war, zog er seine Armeepistole, scheuchte einen erschrockenen Offizierskameraden – John Kotelawala – unter den Sitz, wanderte durch die schlingernden Waggons und drohte, den Lokomotivführer zu erschießen, wenn er nicht den Zug anhielt. Der Zug hielt um halb acht Uhr in der Frühe fünfzehn Kilometer außerhalb von Colombo. Mein Vater erklärte, er erwarte sich eine angenehme Reise, und wollte, daß sein guter Freund Arthur van Langenberg, der den Zug verpaßt hatte, sie gemeinsam mit ihm genoß.

Die Passagiere stiegen aus und warteten auf den Schienen, während ein Läufer zurück nach Colombo geschickt wurde, um Arthur zu holen. Nach zweistündiger Verspätung kam Arthur, John Kotelawala kroch unter seinem Sitz hervor, alle stiegen wieder ein, mein Vater steckte die Pistole weg, und der Zug setzte seine Fahrt nach Trincomalee fort.

Ich glaube, mein Vater dachte, er hätte von Geburt an einen Anspruch auf die Eisenbahn. Er schmückte sich mit der Eisenbahn, als sei sie ein Ausgehanzug. Züge auf Ceylon entbehren jeder Privatsphäre. Es gibt keine einzelnen Abteile, und die meisten Passagiere verbringen die Zeit damit, durch die Waggons zu wandern, neugierig darauf, wer noch im Zug sitzt. Also wußten die Leute im allgemeinen, wann Mervyn Ondaatje mit der Bahn fuhr, mit oder ohne seine Armeepistole. (Er hielt den Zug öfter an, wenn er in Uniform war.) Fiel die Fahrt mit seinen Anfällen von Trunksucht zusammen, konnte es passieren, daß der Zug stundenlang aufgehalten wurde. Nachrichten wurden von einem Bahnhof zum anderen telegrafiert, damit ein Angehöriger kam und ihn aus dem Zug holte. Meistens wurde mein Onkel Noel gerufen. Da er während des Krieges in der Marine war, raste ein Militärjeep nach Anuradhapura, um den Major der ceylonesischen Leichten Infanterie abzuholen.

Als mein Vater seine gesamte Kleidung ablegte, vom Zug sprang und in den Kadugannawa-Tunnel rannte, weigerte sich die Marine schließlich, ihm zu folgen, und man holte meine Mutter. Er stand drei Stunden lang in der Dunkelheit dieses einen Kilometer langen Tunnels und hielt den Bahnverkehr in beiden Richtungen auf. Meine Mutter, einen Anzug unterm Arm (die Armee erlaubte ihr nicht, seine Beziehungen zum Militär zur Schau zu stellen), ging in diese Dunkelheit, fand ihn und redete über anderthalb Stunden mit ihm. Eine Situation, die nur Conrad hätte interpretieren können. Sie ging allein hinein, seine Kleider in der einen Hand – ohne Schuhe allerdings, ein Versäumnis, über das er später klagte – und in der anderen eine Eisenbahnlaterne, die er zerschmetterte, sobald sie bei ihm war. Sie waren seit sechs Jahren verheiratet.

Sie überlebten diese Dunkelheit. Und meine Mutter, die Tennyson liebte und den frühen Yeats, begann zu begreifen, daß sie auf eine andere Sorte Hund gestoßen war. Sie war dabei, von nun an in einer ganz anderen Welt widerstandsfähig und tapfer zu werden, und als sie sich scheiden ließen, beschloß sie, ihn nie um Geld zu bitten und uns alle aus eigener Kraft großzuziehen. Sie stammten beide aus distinguierten, noblen Familien, doch mein Vater begab sich auf einen Weg, den seine Eltern und seine Frau nicht kannten. Sie folgte ihm und hielt es vierzehn Jahre lang mit ihm aus, umgab ihn wie eine feste, standhafte Brise. Ihm in einem einen Kilometer langen Tunnel den Selbstmord auszureden, um Himmels willen! Sie ging hinein, bewaffnet mit Kleidern, die sie von einem anderen Passagier geborgt hatte, und einer Laterne und ihrer kundigen Liebe zu all der schönen formellen Dichtung, die es bis in die dreißiger Jahre gab, um ihren nackten Ehemann in der Dunkelheit zu treffen, in der trägen schwarzen Brise des Kadugannawa-Tunnels, fand ihn nicht, bis er auf sie losstürzte, die Lampe ergriff und sie gegen die Wand schleuderte, bevor er erkannte, wer es war, der ihm gefolgt war.

»Ich bin es!«

Dann eine Pause. Und: »Wie kannst du dich unterstehen, mir zu folgen!«

»Ich bin dir gefolgt, weil kein anderer dir folgen wollte.«

Wenn ich mir die Handschrift meiner Mutter aus den dreißiger Jahren anschaue, so hat sie sich seit ihrer Jugend sehr verändert. Sie sieht wild aus, trunken, die Buchstaben sind viel größer und wogen über die Seiten, fast so, als hätte sie ihre Hand ausgetauscht. Lasen wir ihre Briefe, dachten wir, daß die blauen Aerogramme in höchstens zehn Sekunden geschrieben worden seien. Doch meine Schwester beobachtete sie einmal beim Schreiben, und es war eine höchst anstrengende Arbeit, bei der sich die Zunge im

Mund hin und her bewegte. Als sei dieses Gekritzel das Ergebnis höchster Disziplin, als sei sie mit Dreißig aus der Bahn geworfen worden, hätte das Schreiben verlernt und den Gebrauch eines gewohnten Stils vergessen, als hätte sie sich zwingen müssen, mit einem neuen, dunklen, unbekannten Alphabet zurechtzukommen.

* * *

Rasthäuser haben eine lange Tradition auf Ceylon. Die Straßen sind so gefährlich, daß man alle fünfundzwanzig Kilometer eines findet. Man hält dort an, um sich auszuruhen, etwas zu trinken oder zu essen oder um zu übernachten. Zwischen Colombo und Kandy macht man halt am Kegalle-Rasthaus; von Colombo nach Hatton macht man halt am Kitulgala-Rasthaus. Mein Vater bevorzugte letzteres.

Wenn er mit dem Auto unterwegs war, führte mein Vater Krieg gegen einen gewissen Sammy Dias Bandaranaike, einen nahen Verwandten des Mannes, der nachmals Premierminister von Ceylon werden sollte und von einem Buddhistenmönch ermordet wurde.

Es ist wichtig, von der Tradition der Gästebücher zu wissen. Nach einem mehr oder weniger langen Aufenthalt in einem Rasthaus wird erwartet, daß man seine Bemerkungen aufschreibt. Die Bandaranaike-Ondaatje-Fehde begann in der Arena dieser Gästebücher und wurde in ihnen ausgetragen. Ausgelöst wurde sie dadurch, daß Sammy Dias Bandaranaike und mein Vater zufällig gleichzeitig das Kitulgala-Rasthaus besuchten. Sammy Dias, so erzählt es jedenfalls meine Partei, war ein notorischer Nörgler. Während die meisten Leute zwei oder drei kurze Zeilen schrieben, verwendete er angeblich seinen gesamten Aufenthalt darauf, jeden Wasserhahn und jede Dusche zu inspizieren, um herauszufinden, was zu bemängeln war, und hatte eine Menge zu sagen. Bei diesem einen Besuch ging Sammy als erster, nachdem er eine halbe Seite in das Gästebuch des Kitulgala-Rasthauses geschrieben hatte. Er mäkelte an allem herum, von der Bedienung und den schlecht gemixten Drinks bis zum miserablen Reis und den schlechten Betten. Nahezu ein Epos. Mein Vater brach zwei Stunden später auf und schrieb zwei Sätze: »Keine Beschwerden. Nicht einmal über Mr. Bandaranaike.« Weil die meisten Leute diese Kommentare lasen, waren sie so publik wie eine Zeitungsannonce, und bald hatte jeder, Sammy eingeschlossen, davon gehört. Und jeder, außer Sammy, amüsierte sich darüber.

Ein paar Monate später kehrten sie beide zufällig im Avissawella-Rasthaus zum Mittagessen ein. Sie blieben dort nur eine Stunde und ignorierten sich gegenseitig. Sammy ging zuerst, schrieb eine halbseitige Attacke auf meinen Vater und lobte das gute Essen. Mein Vater rächte sich, indem er anderthalb Seiten bissiger Prosa über die Familie der Bandaranaikes schrieb und Anspielungen auf Wahnsinn und Inzest einflocht. Als sie sich das nächstemal begegneten, erlaubte Sammy Dias meinem Vater, zuerst zu schreiben, und nachdem dieser gegangen war, schrieb er allen Klatsch nieder, den er über die Ondaatjes kannte.

Dieser literarische Krieg verletzte so viele Anstandsregeln, daß zum erstenmal in der Geschichte Ceylons einige Seiten aus den Gästebüchern gerissen werden mußten. Schließlich schrieb der eine über den anderen, selbst wenn der andere nicht einmal in der Nähe des Rasthauses war. Man riß weiterhin Seiten heraus und vernichtete auf diese Weise eine gut archivierte Geschichte zweier halbprominenter ceylonesischer Familien. Der Krieg fand sein Ende, als weder Sammy Dias noch mein Vater länger ihre Eindrücke über ihren Aufenthalt oder über das Essen niederschreiben durften. Der Standardkommentar in heutigen Gästebüchern über »konstruktive Kritik« stammt aus jener Zeit.

* * *

Die letzte Bahnfahrt meines Vaters (er wurde nach 1943 von den Ceylon Railways verbannt) war seine dramatischste. Im Jahr meiner Geburt war er Major bei der ceylonesischen Leichten Infanterie und war, von meiner Mutter getrennt, in Trincomalee stationiert. Es gab Befürchtungen, daß die Japaner angreifen würden, und mein Vater war besessen vom Gedanken an eine bevorstehende Invasion. Als Zuständiger für das Transportwesen weckte er ganze Bataillone und hetzte sie zu verschiedenen Punkten im Hafen oder an der Küste, felsenfest davon überzeugt, daß die Japaner nicht per Flugzeug, sondern per Schiff kommen würden. Marble Beach, Coral Beach, Nilaveli, Elephant Point, Frenchman's Pass, alle diese Orte begannen wie Glühwürmchen zu leuchten wegen der Armeejeeps, die dort um drei Uhr früh hinkommandiert worden waren. Er fing an, heftig zu trinken, kam an einen Punkt, wo er ständig unter Alkohol stand, und mußte ins Krankenhaus eingeliefert werden. Die Vorgesetzten beschlossen, ihn in ein Militärhospital in Colombo zu verlegen, und stellten ihn unter John Kotelawalas Aufsicht, dem wieder einmal die Rolle des unglücklichen Reisegefährten zufiel. (Sir John Kotelawala, denn schließlich wurde er Premierminister.) Irgendwie schmuggelte mein Vater flaschenweise Gin in den Zug, und noch bevor sie Trinco verließen, war er schon außer Rand und Band. Der Zug raste durch Tunnels und Buschland, kippte fast um in den scharfen Kurven, und die Raserei meines Vaters imitierte all dies, die Geschwindigkeit und das Gerüttel und den Lärm, er fegte in die Waggons hinein und wieder hinaus, warf Flaschen aus dem

Fenster, nachdem er sie geleert hatte, bemächtigte sich John Kotelawalas Pistole.

Ein anderes Drama spielte sich außerhalb des Zuges ab, als seine Verwandten versuchten, ihn abzufangen, bevor er Colombo erreichte. Aus irgendeinem Grund war es äußerst wichtig, daß er von einem Familienmitglied ins Hospital gebracht wurde statt unter Militärbewachung. Seine Schwester, meine Tante Stephy, fuhr los, um den Zug in Anuradhapura zu erreichen, ohne sich so ganz sicher zu sein, in welchem Zustand er war, doch ganz sicher, seine Lieblingsschwester zu sein. Unglücklicherweise kam sie auf dem Bahnhof in einem weißen Seidenkleid an, mit einem weißen Federhut und langen weißen Handschuhen – vielleicht, um John Kotelawala zu beeindrucken, der ihren Bruder in seiner Obhut hatte und der sich zu ihr hingezogen fühlte. Ihre Erscheinung lockte eine solche Menschenmenge an und erregte ein solches Aufsehen, daß sie völlig eingekreist war und nicht bis zu dem Waggon gelangen konnte, als der Zug langsam in den Bahnhof einfuhr. John Kotelawala blickte sie verwundert an – diese schlanke, ernste, schöne Frau in Weiß auf dem uringetränkten Bahnsteig –, während er mit ihrem Bruder rangelte, der begonnen hatte, sich auszuziehen.

»Mervyn!«

»Stephy!«

Riefen sie sich zu, während er an ihr vorbeifuhr, der Zug aus dem Bahnhof dampfte, Stephy noch immer von der Menge umringt war und eine leere Flasche auf dem Ende des Bahnsteigs wie ein letzter Satz zerschellte.

John Kotelawala wurde von meinem Vater niedergeschlagen, bevor sie in Galgamuwa ankamen. Er reichte niemals Klage ein. Wie auch immer, jedenfalls übernahm mein Vater das Kommando über den Zug.

Er ließ ihn fünfzehn Kilometer vorfahren, fünfzehn Kilometer zurück, so daß alle Züge, darunter Militärtransporte, im Süden herumstanden und nicht in der Lage waren, irgendwohin zu fahren. Es gelang ihm, den Lokomotivführer betrunken zu machen, und während er halbnackt die Waggons auf- und ablief, leerte er eine Flasche Gin pro Stunde, doch diesmal behielt er seine Schuhe an und geriet in das Stadium des Rauschs, in dem er immer die wunderbarsten Limericks herunterrasselte – und so hielt er die Passagiere bei Laune.

Doch es galt noch ein anderes Problem zu bewältigen. Ein ganzer Waggon war hochrangigen britischen Offizieren vorbehalten. Sie hatten sich früh zurückgezogen, während die anderen Passagiere im Zug Zeuge kleiner Revolutionen des einheimischen Militärs wurden, und alle waren der Meinung, daß die anarchischen Vorfälle den schlafenden Fremden verheimlicht werden sollten. Die Engländer fanden die ceylonesischen Züge ohnehin katastrophal, und sollten sie herausbekommen, daß Offiziere der ceylonesischen Leichten Infanterie verrückt spielten und die Fahrpläne durcheinanderbrachten, würden sie das Land möglicherweise einfach angewidert verlassen. Aus diesem Grund kletterte jeder, der an das andere Ende des Zuges wollte, auf das Dach des »englischen Waggons« und lief auf Zehenspitzen zum nächsten Waggon, während der Mond über ihnen ihre Schattenrisse zeichnete. Auch mein Vater kletterte, wann immer er mit dem Lokomotivführer sprechen mußte, in die Nacht hinaus und flanierte über den Zug hinweg, hielt eine Flasche und die Pistole umklammert und grüßte mit gedämpfter Stimme Passagiere, die in die andere Richtung gingen. Offizierskameraden, die versuchten, ihn zur Räson zu bringen, wäre es nicht im

Traum eingefallen, die Engländer zu wecken. Diese schliefen in ihrer Sucht nach Ordnung in den Tropen seelenruhig weiter, während der Zug in der Nacht rangierte, vor und zurück, und in den Waggons vor und hinter ihnen Chaos und Fröhlichkeit herrschten.

In der Zwischenzeit wartete mein Onkel Noel, voller Angst, daß mein Vater vor Gericht gestellt würde, in Kelaniya, zehn Kilometer vor Colombo, auf den Zug, ganz in der Nähe der Stelle, an der mein Vater den Zug angehalten hatte, um auf Arthur van Langenberg zu warten. Sie kannten ihn also dort sehr gut. Doch der Zug rangierte immer noch und traf niemals in Kelaniya ein, denn mittlerweile war mein Vater fest davon überzeugt, daß die Japaner den Zug mit Bomben miniert hätten, die explodieren würden, sollten sie je in Colombo ankommen. Daher wurde jeder, der nichts mit der Armee zu tun hatte, in Polgahawela aus dem Zug geworfen, und er wanderte die Waggons auf und ab und schlug alle Lampen entzwei, die die Bomben hätten erhitzen können. Er rettete den Zug und Colombo. Während mein Onkel Noel über sechs Stunden lang in Kelaniya wartete – der Zug wurde dort zwar gesichtet, entfernte sich dann aber wieder Richtung Norden –, durchsuchten mein Vater und zwei Offiziere unter seinem Befehl jedes einzelne Gepäckstück. Er allein fand über fünfundzwanzig Bomben, und während er sie einsammelte, wurden die anderen still und debattierten nicht länger. Jetzt waren nur noch fünfzehn Leute im Trinco-Colombo-Zug – die schlafenden Engländer nicht eingerechnet –, der schließlich in Kelaniya eintraf, als die Nacht vorüber war und der Gin zur Neige ging. Mein Vater und der Lokomotivführer hatten seit dem Vormittag fast sieben Flaschen konsumiert.

Mein Onkel Noel setzte den geschundenen John Kotelawala auf den Rücksitz des Armeejeeps, den er sich geliehen hatte. Und dann sagte mein Vater, daß er die Bomben nicht auf dem Zug lassen könne, sie müßten sie in den Jeep laden und in den Fluß werfen. Immer wieder rannte er in den Zug und brachte die Töpfe voller Quark zurück, die die Passagiere bei sich gehabt hatten. Sie wurden vorsichtig in den Jeep geladen, neben den hingestreckten Körper des künftigen Premierministers. Bevor mein Onkel zum Hospital fuhr, hielt er an der Kelani-Colombo-Brücke, mein Vater warf alle fünfundzwanzig Töpfe in den Fluß und wurde Zeuge gewaltiger Explosionen, als sie auf dem Wasser aufschlugen.

Sir John

Gillian und ich fahren auf der Galle Road in südlicher Richtung und biegen kurz hinter dem Flughafen Ratmalana landeinwärts ein zum Haus von Sir John Kotelawala. Der staubige, ölverschmierte Jeep fährt über die lange herrschaftliche Auffahrt aus roter Erde, und plötzlich sind wir inmitten der Vegetation. Ein kleiner Mann in weißem Hemd und Shorts und mit sehr dünnen Beinen sitzt auf der Veranda und wartet auf uns. Während wir parken, steht er langsam auf. Wir sind zum Frühstück bei Sir John eingeladen, es ist halb neun.

Ich habe mit ihm am Telefon gesprochen, doch er scheint vergessen zu haben, warum wir hier sind, obwohl er uns zum Frühstück erwartet. Gillian und ich nennen noch einmal unsere Namen. Mervyn Ondaatjes Kinder. Sie kannten ihn doch während Ihrer Zeit in der ceylonesischen Leichten Infanterie?

»Ahh!«

Sein Diplomatengesicht ist völlig geschockt. »Der!« sagt er. »Der Bursche, der uns all diese Schwierigkeiten gemacht hat!« und fängt zu lachen an. Die letzten Menschen auf der Welt, die dieser Millionär und Ex-Premierminister wahrscheinlich zu sehen erwartete, waren die Kinder von Mervyn Ondaatje – des Offiziers, der in Trincomalee ins

Delirium tremens verfiel und im Jahre 1943 jene berüchtigte Zugfahrt nach Colombo unternahm. Das ist wahrscheinlich das erste Mal, daß jemand gekommen ist, nicht um *ihn* zu sehen, *den* Sir John Kotelawala, sondern weil er zufällig während des Krieges ein paar hektische Monate lang einen ständig betrunkenen Offizier in der ceylonesischen Leichten Infanterie kannte.

Nach etwa zehn Minuten ist er noch immer nicht über den bizarren Anlaß dieses Besuchs hinweg. Ein Diener bringt ihm einen geflochtenen Korb voller Früchte und Brot und Teegebäck. Sir John sagt: »Kommen Sie« und spaziert mit dem Korb unter dem Arm in den Garten. Ich schließe daraus, daß wir unter den Bäumen frühstücken werden. Da wir normalerweise um sieben Uhr frühstücken, kommen Gillian und ich fast um vor Hunger. Er geht langsam auf eine Reihe von Aquarien zu, auf der anderen Seite des Swimmingpools und der Auffahrt. »Meine Fische aus Australien«, sagt er und fängt an, sie mit Brot aus dem Korb zu füttern. Ich hebe den Blick und sehe auf dem Dach einen Pfau, der ein Rad schlägt.

»Der hat uns einen Haufen Ärger bereitet.« Was? »Wissen Sie, er sprang bei voller Fahrt vom Zug … zum Glück passierten wir gerade ein Reisfeld, und er fiel hinein. Als der Zug hielt, stieg er einfach wieder ein, über und über mit Schlamm bedeckt.« Das ist ein viktorianischer Traum. Wir stehen auf dem Rasen, meine Schwester Gillian, dieser fragile und einflußreiche Mann, und sind von vier oder fünf Pfauen umringt, die mein Teegebäck fressen, sich ruckartig zu dem Korb vorbeugen, den er in der Hand hält. Und verstreut zwischen den Pfauen, wie in einer Imitation, stehen Sprinkler, die weiße Schwanzfedern ausbreiten und den Vögeln Gesellschaft leisten. Nun ist es Zeit, die Sambhur-Hirsche und die Dschungelvögel zu füttern.

Im Lauf der nächsten halben Stunde lenken wir ihn dreimal zu der Geschichte zurück, und als sein Gedächtnis schließlich zu den vierziger Jahren zurückkehrt, fällt ihm immer mehr ein. Die ganze Zeit nennt er meinen Vater nie bei seinem Ruf- oder Familiennamen, sagt nur »dieser Kerl« oder »jener Bursche«. Jetzt macht ihm die Geschichte Spaß. Ich habe sie von drei oder vier anderen Blickwinkeln aus gehört und kann ihn an bestimmte zentrale Details erinnern – die Töpfe mit Quark und so weiter.

»Wissen Sie, ich war der kommandierende Offizier. Er trank schon seit Monaten. Dann, eines Nachts um zwei, fährt er in seinem Jeep ins Hauptquartier. Er sagt, die Japaner seien gelandet. Er habe einen gefunden. Nun, ich glaubte ihm nicht, aber ich kletterte in den Jeep und fuhr mit ihm davon. Da stand ein Mann ein paar Meter weit draußen in der Brandung, unbeweglich wie eine Statue. Dieser Kerl sagt: ›Da ist er.‹ Er hatte ihn zwei Stunden zuvor gesehen, wie er an Land kam, befahl ihm, stehenzubleiben, feuerte seine Pistole in das Wasser ab, zwischen die Beine des Mannes, und sagte: Bleib dort stehen, bleib genau da stehen, *rühr dich nicht*, bis ich zurück bin, sprang in den Jeep und kam ins Hauptquartier, uns zu holen. Ich richtete die Scheinwerfer des Wagens auf ihn, und wir sahen auf den ersten Blick, daß er Tamile war. Da wußte ich Bescheid.

Am nächsten Morgen begleitete ich ihn im Zug nach Colombo. Er spielte die ganze Zeit über total verrückt.«

Der Sambhur hat alle Bananen gefressen, also gehen wir zurück, treffen Sir Johns Arzt und dessen Frau und setzen uns in einem luftigen Speisezimmer zum eigentlichen Frühstück hin.

Sir Johns Morgenmahle sind legendär, stets gibt es *string hoppers* und Fischcurry, Mangos und Quark. Unter dem Tisch weht magisch eine Brise, ein genau kalkulierter Luxus, und ich strecke meine Füße aus in die Richtung, aus der die Brise weht, während ich den ersten *string hopper* auseinanderreiße. Meine Sandale wird heruntergezerrt und fliegt unter dem ganzen Tisch entlang, zum Glück nicht in Sir Johns Richtung. Mein Fuß kribbelt. Während alle essen, lehne ich mich zurück und schaue unter den Tisch, und dort steht ein kleiner transportabler Ventilator, ein paar Zentimeter von meinen Zehen entfernt, bereit, das nächstemal meinen Fuß zu zerfleischen. Ich hätte während eines dieser Frühstücke bei der Suche nach meinem Vater einen Zeh verlieren können.

Sir John redet nun über jemand anders, begeistert sich für einen Skandal, in den »einer der besten Lügner, die wir haben«, verwickelt ist. Die offenen Fenster, die bis fast zum Boden reichen, sind nicht verglast. Eine Krähe trippelt heran, als hätte sie eine Ansage zu machen, spaziert davon, und dann kommt der Pfau herein und steigt hinunter auf das hellbraune Parkett. Seine Füße machen bei jedem Schritt leise klickende Geräusche. Außer mir hat niemand dieses Wunder bemerkt, wie es scheint. Sir John greift nach einem *string hopper*, reißt die knusprigen Ränder des Teigs ab, nimmt das weiche, leckere Innere heraus und hält es dem Vogel hin, und der Pfau, den er nicht einmal angeschaut hat, den er aber hört, vielleicht auch bloß spürt, macht einen letzten Schritt nach vorn, neigt seinen Hals, nimmt den *string hopper* entgegen und entfernt sich in einen ruhigeren Teil des Speisezimmers und frißt.

Während wir essen, erhält eine Amateurtheatertruppe aus Colombo, die *Camelot* aufführt, die Erlaubnis, sich auf dem Gelände fotografieren zu lassen. Die traumartige Umgebung wirkt nun noch surrealer dank singhalesischer Schauspieler, die in dieser furchtbaren Maihitze schwere Samtkostüme, spitze Hüte und Kettenhemden tragen. Eine Gruppe schwarzer Ritter mimt zwischen Pfauen und

Brunnen festliche Lieder. Guinevere küßt Arthur neben dem Aquarium voller australischer Fische.

Die Fotografen draußen, der Gedanke an Camelot, all das erinnert Sir John an seine politischen Kalamitäten. Denn er behauptet, wenn irgend etwas seine Wahlkampagnen zum Scheitern gebracht habe, dann das grandiose Haus und seine Partys – von denen Bilder in den Zeitungen erschienen. Er erzählt uns von einem der skandalösesten Fotos, die die Opposition organisierte. Ein sittsames junges Paar besuchte ihn zusammen mit einem Freund, der eine Kamera bei sich trug. Sie fragten ihn, ob sie ein paar Fotos machen dürften, und er gab ihnen seine Erlaubnis. Der Fotograf machte mehrere Aufnahmen von dem Paar. Plötzlich fiel der Mann auf seine Knie, hob den Sari der Frau und begann, an ihrem Oberschenkel herumzuknabbern. Sir John, der aus ein paar Metern Entfernung zufällig zugeschaut hatte, kam angerannt und fragte, was das solle. Der kniende Mann zog den Kopf unter dem Sari hervor, grinste ihn an und sagte: »Schlangenbiß, Sir« und widmete sich wieder dem Oberschenkel der Frau.

Eine Woche später erschienen von dieser eindeutig sexuellen Handlung drei Fotos in den Zeitungen, die zeigten, wie Sir John beiläufig mit der jungen Frau plauderte, deren Miene verzückt war vor Ekstase.

Fotografie

Meine Tante zieht ein Album hervor, und da ist die Fotografie, auf die ich mein Leben lang gewartet habe. Mein Vater und meine Mutter gemeinsam. Mai 1932.

Sie sind auf Hochzeitsreise, und die beiden, sehr formell gekleidet, sind in ein Fotostudio gegangen. Der Fotograf ist es gewohnt, Hochzeitsfotos zu machen. Er hat wahrscheinlich schon jede Pose gesehen. Mein Vater sitzt mit dem Gesicht zur Kamera, meine Mutter steht neben ihm und beugt sich vor, so daß ihr Gesicht im Profil auf einer Höhe mit dem seinen ist. Dann fangen sie beide an, Grimassen zu schneiden.

Die Pupillen meines Vaters wandern in die südwestliche Ecke der Augenhöhlen. Sein Kiefer klappt nach unten, und er zieht einen Flunsch, der halb debil, halb erschrocken wirkt (all dies noch betont durch seinen dunklen Anzug und das gutfrisierte Haar). Meine Mutter, in Weiß, hat ihre hübschen Gesichtszüge verzerrt und Unterkiefer und Oberlippe so vorgestreckt, daß ihr Profil an das eines Affen erinnert. Das Foto ist als Postkarte gedruckt und per Post an verschiedene Freunde geschickt worden. Auf die Rückseite hat mein Vater geschrieben: *» Was wir von der Ehe halten.«*

Natürlich steckt alles in diesem Bild. Ihr gutes Aussehen

trotz der gequälten Miene, der Humor, der ihnen gemeinsam war, und die Tatsache, daß beide Spaßvögel von ganz besonderer Art waren. Der Beweis, den ich suchte, daß sie füreinander geschaffen waren. Die gebräunte Haut meines Vaters, die milchige Blässe meiner Mutter und dieses selbstgemachte Theater.

Das ist das einzige Foto, das ich gefunden habe, auf dem beide zusammen sind.

Was wir von der Ehe halten

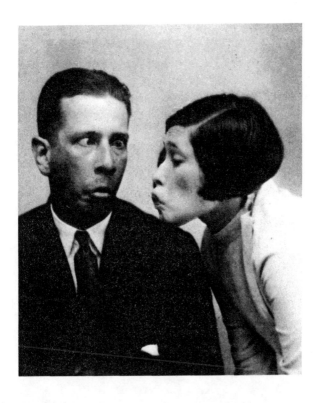

Die Teeplantagen

»Das Problem bei der Sache war – Mama war eine unglaublich gesellige Person. Und er kam nach Colombo hinunter und schnappte sie sich und nahm sie mit auf die Teeplantage. O. k. Sie waren verliebt, glücklich miteinander, sie bekamen Kinder. Doch später gab es dort nichts für Mama zu tun.«

Die Teeplantagen. Die verschlafene grüne Landschaft, die sie gefangenhielt. Und nun, vierzig Jahre danach, bin ich Anfang Mai, zu Beginn der Monsunzeit, hierhergekommen, um meine Halbschwester Susan und ihren Mann Sunil zu besuchen. Das grüne Muster der Landschaft und der Lebensstil sind nahezu unverändert.

Für die hundertfünfzig Kilometer von Colombo bis hierher haben wir fünf Stunden gebraucht. Die Schaltung machte Ärger, die Hupe gab den Geist auf, und der Motor wurde so heiß, daß wir alle zwanzig Minuten anhalten mußten, um ihn abkühlen zu lassen und den Kühler aufzufüllen. Wir sind eine Straße entlanggefahren, die auf fünfzig Kilometer tausendfünfhundert Meter ansteigt. Schließlich brach das Getriebe im zweiten Gang, und die letzten Kilometer beteten wir darum, nicht anhalten zu müssen, weder wegen entgegenkommender Lastwagen und Busse noch wegen der zahlreichen Maiparaden entlang der Bergstraßen. Der Wagen blieb zwei Kilometer vom Haus entfernt stehen, und wir gingen unter den Gewitterwolken, die die dunklen Teesträucher aufleuchten ließen, durch die Reihen der Pflücker. Sunil trug seinen Colombo-Whiskey und Susan und ich ein paar Beutel mit Essen.

Mit durchnäßtem Hemd und schmerzendem Kopf tat es gut, zu laufen. Zehn Grad kühler hier oben als in Colombo. Und ein Licht ohne Quelle, das die Landschaft von unten her zu beleuchten scheint, als tropften gelbe Blumen im Garten in dämpfige Luft. Feuchtigkeit hängt über dem Haus, während wir drei mit einem Diener um diesen großen, langgestreckten Bungalow herumlaufen, dessen Möbel bis auf ein paar Rohrstühle zum Aufpolstern geschickt worden sind und wo das lauteste Geräusch das aufgeregte Atmen zweier Hunde ist.

Eine Stunde später stehe ich mit Susan in der Diele, als ich einen Pistolenschuß höre. Blaue Flammenwellen. Das Haus – von einem Blitz getroffen, der im Sicherungskasten eingeschlagen hat, direkt an der Wand über mir. Ich bin so durcheinander, daß ich den Rest des Nachmittags über so tue, als sei ich ganz ruhig. Noch nie ist das Haus von einem Blitz getroffen worden, obwohl es, auf der Anhöhe einer Teeplantage gelegen, ein nicht zu übersehendes Ziel zu bieten scheint. Der Donnerschlag ist das Signal für das Ende der Stille, und der Sturm stößt Fenster auf und tritt in die Flure. Während des langen Abends spielen wir Scrabble, rufen die Resultate laut aus, fast unmöglich, sich über das stereophonische Regenfeld hinweg Gehör zu verschaffen.

* * *

Wir wachen auf, und es ist ganz still. Nun die langen, ruhigen Vormittage. Susan geht die Flure zu den Küchen auf und ab, organisiert die Mahlzeiten, ordnet alles neu nach dem Chaos des ersten Monsunsturms (durchgebrannte Sicherungen, herunterhängende Telefonleitungen, kaputter Maschendraht, verwüstete Gärten).

Die Speisezimmertüren gehen auf den nassen Rasen und die Franciscobüsche hinaus. Ihre Blüten, die wie zerfetztes blaues und weißes Papier aussehen, verströmen ihren Duft in dieses Zimmer. Wenn die Hunde bellen, fliegen acht bis zehn Papageien aus dem Guajavenbaum auf und verschwinden über den Rand des Hügels. Jenseits des Tals stürzt ein Wasserfall hinab. In ein oder zwei Monaten werden die wirklich schweren Regenfälle einsetzen, achtzehn Stunden am Tag, und der Wasserfall wird wieder hart wie ein Gletscher werden und die Straße davonspülen. Doch jetzt sieht er so zart aus wie die Bahn eines weißen Schmetterlings auf einem lange belichteten Foto.

Ich kann von diesem Tisch aufstehen, mich ein paar Meter vom Haus entfernen und von Varianten von Grün umringt sein. Das majestätischste Grün ist das des Teestrauchs, der majestätisch wirkt auch dank der effizienten symmetrischen Anpflanzung. Ohne Aufsicht verwandelt sich solche Präzision binnen fünf Jahren in Dschungel. In der Ferne bewegen sich die Pflücker, in einer anderen Stille, wie eine Armee. Die Straßen winden und schlängeln sich dahin – leuchtendgelb unter dem grauen Himmel. Die noch unsichtbare Sonne quält sich nach oben. Das ist die Farbe der Landschaft, das ist die Stille, die die Ehe meiner Eltern umringte.

»Was wir von der Ehe halten«

Sie ist sehr sanft, meine Halbschwester Susan. Ungeheuer bescheiden. Und während ich hier mit Susan und Sunil sitze, überrascht es mich, daß sie jünger sind als ich. Sie hat diese Gelassenheit und Ruhe, die in völligem Gegensatz zu dem Zorn und der Streitsucht stehen, die ich bei mir selbst, bei meinem Bruder und meinen beiden Schwestern finde.

Da sie Ondaatjeblut in sich hat und kein Gratiaenblut, überlege ich, stammt dieser Sinn für das Dramatische offensichtlich von unserer Mutter, die übertriebenen Geschichten, der entschlossene Wille, hin und wieder im Mittelpunkt zu stehen. Der Schmierenkomödiant in uns. Während wir von meinem Vater, trotz seiner gelegentlichen manischen Anfälle in der Öffentlichkeit, unseren Sinn für das Heimliche haben, unseren Wunsch nach Zurückgezogenheit.

Mein Vater liebte Bücher, meine Mutter auch, doch mein Vater verschlang das Herz der Bücher und behielt das Wissen und die Gefühle für sich. Meine Mutter las ihre Lieblingsgedichte vor, ließ uns gemeinsam Theaterstücke lesen und trat selbst in Stücken auf, leitete sogar eine kleine Tanz- und Theaterschule, an die sich die Leute in Colombo noch immer erinnern. Wenn sie vorlas, beanspruchte sie den ganzen Raum, und als sie jung war, weckten ihre Grazie und ihr Tanz jedermanns Aufmerksamkeit. Später war es ihre Stimme, waren es ihre Geschichten, erzählt mit jenem rauhen, keuchenden Lachen, das die witzigen Stellen beinahe übertönte. Sie entstammte einer jener ceylonesischen Familien, deren Frauen die kleinste Reaktion anderer benutzten und sie zu ungeheuer aufregenden Geschichten aufbliesen, um sie dann später als Beispiel für jemandes Charakterzüge zu verwenden. Wenn irgend etwas ihre Generation lebendig erhielt, so war es diese Art der Überlieferung mittels Übertreibung. Ein ganz normales Tennismatch wurde beispielsweise in solchem Maß mythologisiert, daß es hieß, einer der Spieler sei so betrunken gewesen, daß er beinahe auf dem Platz gestorben wäre. Man erinnerte sich wegen eines winzigen Ereignisses, das innerhalb von fünf Jahren aufgebläht wurde, für alle Zeiten an eine bestimmte Person, so daß diese selbst nur noch eine Fußnote darunter war. Die Stille auf den Teeplantagen und der Sinn meiner Mutter fürs Theatralische und Romantische (gespeist durch lauthals vorgetragene Lesungen aus den Werken von J. M. Barrie und Michael Arlen) verbanden die publizierten Delikatessen der Fiktion mit der letzten Ära des kolonialen Ceylon.

Die Handlungen meines Vaters waren unauffälliger und privater. Obwohl er ständig die Anstandsregeln seines Vaters aufs gröblichste verletzte, hielt er doch zur gleichen Zeit und fast heimlich das Element der Ehre und der Wohlerzogenheit hoch. Es ist verbürgt, daß er seine Schwiegermutter Lalla wegen ihrer – wie er fand – rüden Art nicht ausstehen konnte, obwohl die Geschichten über meinen Vater vom Stil her mehr als alle anderen jenen über Lalla ähneln. Während wir es liebten, auf Lallas Befehl hin durchs Haus und die Plantage zu rennen, um den Hund Chindit zu fangen, der mit ihrer falschen Brust auf und davon gegangen war, zog sich mein Vater, äußerst peinlich berührt, mit einem Buch zurück oder ging in sein Büro. Entweder das, oder, und da waren wir nie ganz sicher, er trainierte heimlich den Hund, um seine Schwiegermutter mit diesen Streichen zu ärgern. Wir wußten, daß er Chindit, wann immer möglich, in ihrer Nähe zum Furzen ermunterte und dann die Augenbrauen hochzog, um uns heimlich zu verstehen zu geben, daß sie es gewesen sei, die uns in die andere Zimmerecke getrieben hatte.

Die Neigung meines Vaters zum Dramatischen machte nur ihm und manchmal uns vieren Spaß. Oder er erzählte vor allen Leuten einen furchtbar komischen Witz, über den nur meine Mutter und er sich vor Lachen ausschütten konnten.

Meine Mutter liebte seinen verstohlenen und leicht schrägen Humor, liebte ihn *immer*, selbst in ihren letzten Jahren lange nach ihrer Scheidung. Er verband sie wahrscheinlich mehr als alles andere. Sie hatten eine Welt für sich, waren freundlich zu jedermann, doch sie besaßen eine eigene Geheimsprache des Humors. Und sollte es in ihrem Leben dramatisch zugehen, so zog es mein Vater vor, daß das Drama sich bloß zwischen ihnen beiden abspielte. Meine Mutter hingegen entschied sich immer für die eine Aktion, an die sich jeder im Umkreis der Teeplantage erinnern würde und die Colombo innerhalb von vierundzwanzig Stunden erreichte. Bei einer der letzten Male, als meine Mutter meinen Vater verließ, nach einer Tirade, die laut war, kurz und einseitig alkoholisiert, sagte sie ihm, daß sie um elf Uhr abends gehen würde. Sie machte uns alle reisefertig, und nachdem mein Vater den Wagenschlüssel genommen und in die Dunkelheit von Hunderten von Teesträuchern geworfen hatte, holte sie vier Dienstboten, setzte uns auf deren Schultern und marschierte über die Teeplantage und durch dichten Dschungel in völliger Dunkelheit zu einem Nachbarhaus, das acht Kilometer entfernt lag.

Sie war es, die uns allen das Theater näherbrachte. Sie war davon überzeugt, daß jeder von uns ein so guter Schauspieler werden könnte wie sie. Wann immer mein Vater in einen seiner Trunksuchtsanfälle verfiel, schickte sie die drei größeren Kinder (ich schlief – ich war noch zu klein und merkte nicht, was vorging) in das Zimmer meines Vaters, der in der Zwischenzeit kaum noch reden, geschweige denn debattieren konnte. Die drei, gut instruiert, führten tränenüberströmt »Papa, trink nicht, Papa, wenn du uns liebst, trink nicht« auf, während meine Mutter draußen wartete und lauschte. Mein Vater, hoffe ich, war schon zu sehr hinüber, um mitzubekommen, mit welchen Mitteln der Krieg gegen ihn geführt wurde. Diese Augenblicke berührten meine älteren Geschwister peinlich; noch Tage danach fühlten sie sich schuldig und elend. Gillian, die jüngste von den dreien, produzierte sich mit Eifer bei diesen Einaktern, und wenn sie ins Wohnzimmer zurückkehrten, klopfte meine Mutter ihr auf die Schulter und sagte: »Gut gemacht, Gillian – du warst bei weitem die beste.«

Ihre Absicht war, meinen Vater von seiner manischen Trunksucht zu heilen. Das waren Zeiten, in denen von ihrer Seite aus ein totaler Krieg geführt wurde. Während all der Monate der Nüchternheit waren die beiden sich ebenbürtig, sehr eng miteinander verbunden und voller Humor, doch in den Augenblicken der Dunkelheit griff sie auf jedes Stück zurück, in dem sie je gespielt oder das sie je gelesen hatte, und verwendete es als Waffe; sie wußte, wenn mein Vater wieder nüchtern war, würde dieser letztlich schüchterne Mann entsetzt sein, wenn er hörte, wie übertrieben sie reagiert hatte. Ihr Verhalten während seiner Trunksuchtsanfälle war darauf angelegt, ihn in Zeiten der Mäßigung zu schockieren, wenn er ein diskretes Benehmen vorzog. In welchen Stücken meine Mutter auch öffentlich auftrat, sie waren den Alltagsdramen, die sie in ihrem Eheleben inszenierte und in denen sie selbst mitspielte, keineswegs überlegen. Wenn Mervyn sie demütigte, so konnte sie ihn in Verlegenheit stürzen, indem sie es ihm mit einer großspurigen Aktion heimzahlte – ob es nun der berühmt gewordene Marsch durch den Dschungel war oder ob sie die Luft anhielt, bis sie im Kitulgala-Rasthaus tatsächlich ohnmächtig wurde, als sie sah, daß er anfing, zuviel zu trinken, so daß er aufhören und sie nach Hause fahren mußte.

Er errang seine Siege, wenn er nüchtern war. Dann entdeckte er irgend etwas Ungeheuerliches, das sie getan hatte, und fing an, alles wiedergutzumachen. Innerhalb einer Woche brachte er es mit Witz und Charme fertig, daß das Benehmen meiner Mutter lächerlicher wirkte als das seine – eine Bombe, um einen Schmetterling aufzustören –, bis es aussah, als sei er der Vernünftigere von den beiden. Auf diese Weise wurde ein Ereignis, von dem die meisten dachten, es könne nie verwunden werden und würde zweifellos ihre Ehe zerstören, zuzementiert. Statt eifersüchtig zu sein, war meine Mutter niemals glücklicher, und in den darauffolgenden sechs Monaten war es herrlich, mit ihnen zusammenzusein, waren sie wunderbare Eltern. Und dann, mit dem ersten Drink, nach dem er selten wieder aufhören konnte, brach der Krieg von neuem aus.

Schließlich, als alles zu Ende war, spielte sie ihre letzte Szene mit ihm. Sie kam in einem atemberaubenden weißen Kleid und Hut zum Scheidungsprozeß (sie hatte bis dahin noch nie einen Hut getragen) und reichte ruhig die Scheidung ein, verlangte keine Alimente – weder für sich noch für die Kinder. Sie fand eine Anstellung im Hotel Grand Oriental, bildete sich zur Geschäftsführerin aus und kam die ganze Schulzeit über für uns auf, indem sie in Hotels in Ceylon und dann in England arbeitete, bis sie starb. Das leichte Leben auf der Teeplantage und die theatralischen

Kriege waren vorüber. Sie, Sprößlinge zweier der bekann-
testen und wohlhabendsten Familien Ceylons, hatten in
vierzehn Jahren einen weiten Weg zurückgelegt: mein Vater besaß nur noch eine Hühnerfarm auf Rock Hill, meine
Mutter arbeitete in einem Hotel.

Bevor meine Mutter 1949 nach England aufbrach, ging
sie zu einem Wahrsager, der ihr prophezeite, daß sie ihre
Kinder ihr Leben lang zwar noch oft sehen würde, doch
nie mehr alle gemeinsam. Das sollte sich bewahrheiten.
Gillian blieb mit mir auf Ceylon, Christopher und Janet
gingen nach England. Ich zog nach England, Christopher
nach Kanada, Gillian kam nach England, Janet ging nach
Amerika, Gillian kehrte nach Ceylon zurück, Janet kehrte
nach England zurück, ich ging nach Kanada. Magnetfelder
spielten verrückt, wenn mehr als drei Ondaatjes anwesend
waren. Und mein Vater. Stets getrennt, bis er starb, fern
von uns. Der Nordpol.

Unterhaltungen

(1)

»Einmal hätte er uns beinahe umgebracht. Nicht dich. Aber die drei größeren Kinder. Er fuhr den Ford, und er war betrunken und nahm die Kurven mit großem Schwung – du kennst ja diese Straßen im Hochland. Am Anfang jubelten wir noch, aber bald packte uns die Angst. Schrien ihm zu, er solle anhalten. Schließlich fuhr er in einer Kurve beinahe über die Klippe. Zwei Räder ragten über den Rand hinaus, und der Wagen hing auf der Achse. Unter uns gähnte ein furchtbarer Abgrund. Wir saßen auf dem Rücksitz, und nachdem wir uns beruhigt hatten, schauten wir zum Vordersitz und sahen, daß Papa eingeschlafen war. Er war ohnmächtig geworden. Doch uns kam es vor, als sei er eingeschlafen, und das schien noch viel schlimmer zu sein. *Viel* zu unbekümmert.

Weil er ja gefahren war, saß er auf der rechten Wagenseite – der Seite, die kurz vor dem Umkippen war, also rutschten wir alle weit nach links hinüber. Aber wenn wir auf den Vordersitz geklettert und ausgestiegen wären, dann wäre er ganz von allein über die Klippe gestürzt. Wir wußten nicht, was wir machen sollten. Wir waren ein paar hundert

Meter zuvor einigen Teepflückern begegnet, und die einzige Hoffnung bestand darin, daß sie vielleicht in der Lage waren, den Wagen zurück auf die Straße zu hieven. Wir beschlossen, daß der leichteste gehen sollte, doch Janet und Gillian gerieten in Streit darüber, wer die leichtere sei. Zu der Zeit waren beide sehr empfindlich, was ihr Gewicht betraf. Schließlich ging Gillian los, und Janet und ich versuchten, ihn auf den Beifahrersitz zu zerren.

Als er aufwachte, war der Wagen bereits angehoben und auf der Straßenmitte abgestellt worden. Es gehe ihm besser, sagte er, startete den Wagen und hieß uns einsteigen. Doch keiner von uns wollte wieder in den Wagen.«

(2)

»Ich weiß noch, wie es war, als Papa seinen Job verlor. Er war gerade gefeuert worden und hatte wieder einmal mit dem Trinken angefangen. Mama saß auf dem Vordersitz neben ihm, du und ich auf dem Rücksitz. Und die ganze Fahrt über sagte er: ›Ich bin ruiniert. Ich habe euch alle ruiniert. Euch alle.‹ Und dann weinte er. Das war eine fürchterliche Fahrt. Und Mama tröstete ihn und sagte, sie würde ihn nie verlassen, nie würde sie ihn verlassen. Kannst du dich daran erinnern…?«

(3)

»Als ich nach England aufbrach, Gott, war das ein schlimmer Tag für Mama. Wir waren alle in Kuttapitiya, und sie fuhr mich hinunter nach Colombo. Fuhren am frühen Morgen los. Sie mußte sich beeilen. Er trank damals wie ein Loch, und sie konnte ihn nicht allzulang allein lassen. Als wir dann also das Schiff bestiegen, *The Queen of Bermuda*, war das etwa um die Zeit, zu der er aufwachte, und sie mußte zurück, bevor es Ärger gab. Sie wußte, daß er schon wieder mit dem Trinken angefangen hatte, als sie mir auf Wiedersehen sagte.«

(4)

»Erinnerst du dich noch an all die Kissen, die er zum Schlafen brauchte? Erinnerst du dich noch, wie wir ihm die Beine massieren mußten? Jeder von uns zehn Minuten...«

(5)

»Uns gegenüber war er ausgesprochen reizend, stets freundlich. Wenn man mit ihm sprach, wußte man, daß man mit dem *richtigen* Mervyn sprach. Er war immer so offenherzig und liebte alle, die er besuchte. Aber keiner von uns wußte, wie er war, wenn er betrunken war. Als deine Mutter dann über die Gründe für die Trennung sprach, kam das völlig überraschend. Oh, ich hab' ihn mal betrunken gesehen, und er benahm sich fürchterlich, aber das war nur ein einziges Mal.

Jedenfalls sagte sie uns, daß alles sehr schwierig sei. Gopal, ihr Diener, würde nicht auf sie hören und weiterhin Flaschen für deinen Vater besorgen. Also schlugen wir vor, daß sie beide nach ›Ferncliff‹ in Nuwara Eliya zogen. Sie blieben dort eine Woche lang, doch es klappte nicht, und sie kehrten nach Kegalle zurück. Zu der Zeit hatte er seine Stelle verloren, sie waren also meistens zu Hause. Dann

bekam deine Mutter Typhus. Paratyphus, nicht die gefährlichste Sorte, aber sie hatte Typhus – und er glaubte ihr
nicht. Sie sagte, er schlage sie, um sie aus dem Bett zu treiben. Irgendwie konnte sie Gopal vom Ernst der Lage über-
zeugen, und während er sonst stets auf deinen Vater hörte,
ging er diesmal in die Stadt und rief uns an. Wir fuhren sie
nach Colombo und lieferten sie ins Spittel's Krankenhaus
ein.

Sie kehrte nie wieder zu ihm zurück. Als sie entlassen
wurde, zog sie zu Noel und Zillah nach Horton Place.

Wie auch immer, ein paar Jahre später entschlossen wir
uns, etwas mit dem Rasen auf ›Ferncliff‹ zu unternehmen,
der langsam braun wurde. Also veranlaßten wir, daß uns
Rasenstücke vom Golfclub geliefert wurden. Und als wir
zu graben begannen, fanden wir etwa dreißig Flaschen
Rocklands Gin, die dein Vater im vorderen Teil des Rasens
vergraben hatte...«

(6)

»Ich weiß nicht, wann das geschah oder wie alt ich war. Ich
lag auf einem Bett. Es war Nacht. Das Zimmer wurde hin
und her geworfen, und sie schrien. Wie Riesen.«

(7)

»Nachdem sie ihn verlassen hatte, arbeitete sie im Hotel
Mount Lavinia und danach im Hotel Grand Oriental, das
jetzt das Taprobane ist. Dann, in den vierziger Jahren, ging
sie nach England. Sie machte eine schwere Zeit durch in
den ersten Jahren in England, arbeitete in dieser Pension in

Lancaster Gate. Sie hatte ein kleines Zimmer mit nur einer einzigen Gasflamme. Noels Tochter, Wendy, ging zu der Zeit auf ein Internat, und sie war phantastisch. Jedes Wochenende sagte sie zu all ihren Freundinnen in Cheltenham: ›Jetzt müssen wir Tante Doris besuchen‹ und schleppte diese blasierten englischen Schulmädchen mit sich, sechs oder sieben, und sie zwängten sich in das kleine Einzimmerapartment und rösteten kleine Pfannkuchen über der Gasflamme.«

(8)

»Ich hatte ein paar Freunde, die Tennis spielten. Meine besten Freunde in London. Und sie wurden zu einem Turnier nach Ceylon eingeladen. Sie blieben zwei Wochen dort. Als sie nach England zurückkamen, setzte ich mich nicht mit ihnen in Verbindung. Antwortete nie auf ihre Anrufe. Weißt du, ich dachte, sie hätten herausgefunden, aus welch einer unseriösen Familie ich stammte. Mama hatte uns diese Geschichte eingehämmert, von wegen, was wir dort alles durchgemacht hätten. Ich hatte diese Vorstellung, daß die Ondaatjes absolute Pariahs seien. Ich war damals fünfundzwanzig. Als ich fünf Jahre später nach Ceylon zurückkehrte, um Gillian zu besuchen, war ich noch immer nervös und war völlig überrascht, daß sich jeder an ihn und an uns mit solcher Freude und Liebe erinnerte…«

(9)

»Zum Ende hin kam er alle zwei Wochen nach Colombo, um mir Eier und Dünger für meinen Garten zu bringen. Er wirkte sehr gedämpft, war nicht mehr der unbezähmbare

Mervyn, den wir gekannt hatten, sondern sehr freundlich und still. Er war es zufrieden, einfach dazusitzen und mir zuzuhören, wie ich daherplapperte ... Bis zum Tag seiner Beerdigung bin ich Maureen, seiner zweiten Frau, nie begegnet.«

(10)

»Weißt du, woran ich mich am besten erinnere, ist sein trauriges Gesicht. Ich war mit irgend etwas beschäftigt und schaute plötzlich hoch und sah sein wahres Gesicht. Erfüllt von Schmerz. Ich weiß nicht. Lang nach der Scheidung schrieb ich ihm. Ich war gerade von meinem ersten Ball zurückgekommen und beklagte mich über all die rührseligen Songs, die uns die Jungen vorsangen, besonders eins, daß sie ständig spielten, das ging so: ›Kiss me once and kiss me twice and kiss me once again ... it's been a *long long* time‹, und er schrieb zurück, daß er bloß wünschte, uns alle noch einmal küssen zu können.

... Die Manuskriptseiten, die du mir geschickt hast, machen mich sehr traurig, erinnern mich an ihn und an diese ganze Zeit. Natürlich war ich stets der ernste von uns, ohne jeden Sinn für Humor. Ich habe anderen gezeigt, was du jemandem geschrieben hattest, und sie lachten und sagten, was für eine wunderbare Kindheit wir gehabt haben müßten, und ich sagte, daß es ein Alptraum gewesen sei.«

(11)

»Als ich ihn Jahre später häufiger besuchte, war er stets eine Fundgrube an wunderbaren, niemals anrüchigen Geschichten, machte sich nie über eine Frau lustig. Wie auch immer, eines Tages traf ich ihn zufällig im Fort, und an jenem Abend kam deine Mutter, die zu der Zeit auf Ceylon zu Besuch war, zum Abendessen. Also spielte ich des Teufels Advokaten und erzählte ihr, wen ich an jenem Morgen getroffen hatte, und ich sagte, *du* solltest ihn sehen. Ich erinnere mich, sie war sehr still und sah ein wenig überrascht auf ihren leeren Teller und im Zimmer umher und sagte: ›Warum sollte ich ihn sehen?‹ Ich weiß nicht, warum ich das tat, aber ich insistierte, und langsam fing sie an, sich dafür zu erwärmen. Ich glaube, sie war nahe dran, nachzugeben. Ich sagte, ich könne ihn ohne weiteres anrufen, er könnte vorbeikommen und sich uns anschließen. Sie waren damals beide um die Sechzig, hatten sich seit der Scheidung kein einziges Mal wiedergesehen. Um alter Zeiten willen, Doris, sagte ich, nur um sich mal zu sehen. Dann fand meine Frau, ich sei zu vorschnell, lenkte mich von dem Thema ab und meinte, wir könnten jetzt essen, das Dinner sei soweit. Doch ich wußte, daß ich sie beinah überredet hatte, das konnte ich ganz deutlich sehen. Sie war kurz davor...«

Blindes Vertrauen

In bestimmten Stunden, in bestimmten Jahren unseres Lebens sehen wir uns selbst als Überbleibsel der vorangegangenen Generationen, die ausgelöscht wurden. Unsere Aufgabe besteht dann darin, den Frieden mit dem Feindeslager aufrechtzuerhalten, das Chaos am Ende der Jakobitischen Tragödien zu eliminieren und »mit der Gnade der Distanz« Historien zu schreiben.

Fortinbras. Edgar. Christopher, meine Schwestern, Wendy, ich selbst. Ich glaube, unser aller Leben ist von dem, was vor uns geschah, außerordentlich stark geprägt worden. Und warum interessiert mich von all den Personen Shakespeares gerade Edgar so sehr? Der, wenn ich mir die Metapher näher betrachte, seinen Vater über ein imaginäres Kliff treibt.

Worte wie *Liebe, Leidenschaft, Pflicht* werden so ausgiebig gebraucht, daß sie allmählich ihren Sinn verlieren – außer als Münzen oder Waffen. Die harte Sprache wird weich. Ich habe nie erfahren, was mein Vater von diesen »Dingen« hielt. Mein Verlust war, daß ich nie als Erwachsener mit ihm sprach. War er dem Zeremoniell des »Vaterseins« verhaftet? Er starb, bevor ich an solche Dinge auch nur zu denken begann.

Ich warte auf den Augenblick in dem Stück, in dem sich

Edgar Gloucester gegenüber offenbart, doch das geschieht nie. Sieh, ich bin der Sohn, der nun erwachsen ist. Ich bin der Sohn, den du zum Hasardeur gemacht hast, der dich noch immer liebt. Ich habe nun teil an der Zeremonie eines Erwachsenen, doch ich möchte dir sagen, daß ich dieses Buch zu einer Zeit schreibe, in der ich mir solcher Worte am wenigsten sicher bin ... Gib mir deinen Arm. Laß meine Hand los. Gib mir deinen Arm. Gib mir das Wort. »Süßer Majoran« ... ein zartes Kraut.

Der Knochen

Es gibt eine Geschichte über meinen Vater, mit der ich nicht zu Rande komme. Es ist eine der Versionen seiner Eisenbahn-Eskapade. In dieser Version ist er aus dem Zug entflohen und rennt nackt in den Dschungel. (»Dein Vater hatte einen Fluchtkomplex«, hat mir jemand einmal gesagt.) Sein Freund Arthur wurde geholt, um ihn zu suchen und ihn zur Rückkehr zu überreden. Als Arthur ihn schließlich aufspürte, sah er folgendes.

Mein Vater kommt auf ihn zu, riesig und nackt. In einer Hand hält er fünf Leinen, und am Ende jeder Leine zerrt ein schwarzer Hund. Keiner der fünf berührt den Boden. Er hat seinen Arm ausgestreckt und hält sie mit einer Hand, als hätte er übernatürliche Kräfte. Er und die Hunde stoßen fürchterliche Geräusche aus, als führten sie ein unterirdisches, vulkanisches Gespräch. Ihre Zungen hängen heraus.

Es waren möglicherweise streunende Hunde, auf die mein Vater in irgendwelchen Dschungeldörfern gestoßen war, vielleicht hatte er sie im Vorübergehen aufgesammelt. Er war ein Mensch, der Hunde liebte. Doch diese Szene hatte nichts Humorvolles, nichts Freundliches. Die Hunde waren zu stark, um in Gefahr zu sein, erdrosselt zu werden. Die Gefahr bestand für den nackten Mann, der sie auf Armeslänge von sich entfernt hielt, auf den sie wie große, dunkle Magneten zustrebten. Er erkannte Arthur nicht, er ließ die Leinen nicht los. Er hatte alles Böse in der Gegend gefangen, durch die er gekommen war, und hielt es fest.

Arthur schnitt die Leinen durch, und die Tiere fielen zu Boden, schüttelten sich und flohen. Er führte meinen Vater zurück zur Straße und zu dem Auto, in dem seine Schwester Stephy wartete. Sie setzten ihn auf den Rücksitz, und er hielt seinen Arm noch immer ausgestreckt, nun zum offenen Seitenfenster hinaus. Auf dem ganzen Weg nach Colombo hingen die Leinen von seiner Faust in die heiße, vorbeirauschende Luft.

Der Ceylonesische
Kakteen- und Sukkulentenverein

»Thanikama«

Nach der morgendlichen Fahrt nach Colombo, nach dem Treffen mit Doris – angespannt, in der Hotellobby flüsternd –, zwang er sich dazu, auf der Terrasse zu sitzen, die zum Meer hinausging. Saß in der Sonne und trank Bier, das er eiskalt bestellte, trank es aus, noch bevor die Ausschwitzung auf der Flaschenoberfläche verdunstete. Goß sich Gläser Nuwara-Eliya-Bier ein. Er saß dort den ganzen Nachmittag in der Hoffnung, sie würde ihn bemerken und herunterkommen und mit ihm reden, vernünftig, ehrlich. Er wollte, daß seine Frau bei ihrer Arbeit nicht so *posierte*. Er mußte mit ihr reden. Er konnte sich kaum daran erinnern, wo die Kinder im Augenblick waren. Zwei auf Schulen in England, eins in Kegalle, eins in Colombo...

Bis fünf Uhr nachmittags saß er auf der blauen Terrasse in der prallen Sonne – entschlossen, dort zu bleiben, wo sie allein sein konnten, sollte sie ihre Meinung ändern und zu ihm herunterkommen –, nicht bei den anderen Gästen und Trinkern im kühlen Schatten der Lobby des Hotels Mount Lavinia. Er erinnerte sich an alle. An den ganzen Haufen. Noel, Trevor, Francis, der inzwischen gestorben war, Dorothy, die verrückt spielte. Alles gemischtrassige und singhalesische Familien, die sich von den Europäern fernhielten. Die Erinnerung an seine Freunde war bei ihm in der Sonne. Er goß sie aus den Flaschen in sein Glas und trank. Er erinnerte sich an Harold Tooby aus seiner Schulzeit und an seine Jahre in Cambridge, wo das Motto lautete: »Du kannst dir stets mehr erlauben, als du glaubst, dir erlauben zu können...« Bis Lionel Wendt seinem Vater aus Versehen erzählte, wie er, Mervyn, ihn hintergangen hatte. Lionel hatte deswegen stets Schuldgefühle und schenkte ihm und Doris zur Hochzeit ein Bild, das George Keyt gemalt hatte. Das Bild besaß er immerhin noch, ebenso die hölzerne Statue einer Frau, die er bei einer Auktion erstanden hatte und die alle furchtbar fanden. Die Gegenstände waren geblieben, und die Menschen waren verschwunden.

Um fünf Uhr stieg er in den weißen Ford. Sie war nicht zu ihm heruntergekommen. Und er fuhr zu F. X. Pereira im Ridgeway-Gebäude und kaufte kistenweise Bier und Gin, um alles nach Kegalle mitzunehmen. Dann parkte er in der Nähe des Hotels Galle Face, einem Treffpunkt aus alten Zeiten, und ging über die Straße in die Bar, wo Journalisten und andere Leute aus dem Lake House saßen und über Politik redeten, Unsinn redeten, über Sport redeten, was ihn im Moment überhaupt nicht interessierte. Er erwähnte Doris nicht. Trank und lachte und hörte zu bis um elf, als alle nach Hause zu ihren Frauen gingen. Er ging die Galle Road entlang und aß in einem arabischen Restaurant, saß allein in einer der zierlichen hölzernen Nischen, die Speisen waren so stark gewürzt, daß sie den Rausch und die Müdigkeit vertrieben, und ging dann zu seinem Auto. Das war 1947.

Er fuhr die Galle-Face-Grünanlagen entlang, wo die Japaner schließlich doch angegriffen hatten, aus der Luft, und verschwand im Fort, dessen Straßen dunkel und still und leer waren. Er liebte das Fort um diese Zeit, in diesen Colombo-Nächten, die Fenster seines Wagens waren offen, und die Brise, zum erstenmal beinahe kühl, nicht mehr lau, schlug ihm mit all den Gerüchen der Nacht, dem Duft aus den geschlossenen Läden entgegen. Ein Tier überquerte die Straße, und er bremste und sah ihm zu, wie es ganz gemächlich weiterging, denn es war Mitternacht, und wenn ein Auto tatsächlich anhielt, so konnte man ihm wohl trauen. Dieses Tier blieb stehen, als es den Gehsteig erreichte, und sah sich um nach dem Mann in dem weißen Auto – der immer noch nicht weitergefahren war. Sie blickten einander an, und dann rannte das Wesen die Stufen des weißen Gebäudes hinauf und in das Postamt, das die ganze Nacht über geöffnet blieb.

Er dachte, da könnte ich auch schlafen. Ich könnte das Auto mitten auf der Queen's Road stehenlassen und hineingehen. Die anderen Autos würden um den Ford herumfahren. Vier oder fünf Stunden lang würde es keinen stören. Nichts würde sich ändern. Er nahm den Fuß von der Bremse, gab Gas und fuhr weiter durchs Fort auf Mutwal zu, kam an der Kirche seiner Vorfahren vorbei – alles Priester und Ärzte und Übersetzer –, die durch eine Reihe von Pisangbäumen auf ihn herabblickte, herab auf die Schiffe im Hafen, die dort ankerten wie riesengroße, versinkende Juwelen. Er fuhr aus Colombo hinaus.

Eine Stunde später hätte er am Ambepussa-Rasthaus halten können, doch er fuhr weiter, hatte immer noch die Tagesration Alkohol im Blut, obwohl er schon zweimal am Straßenrand angehalten und in dunkles, geheimnisvolles Laubwerk uriniert hatte. Hielt kurz in Warakapola, wo die dunklen Dörfer die Zukunft enthielten, und nahm einen Anhalter mit, einen Tamilen. Der Mann fing eine Unterhaltung über Sterne an, und er, stolz auf die gemeinsame Herkunft, unterhielt sich mit ihm über den Orion. Der Mann war ein Zimtschäler, und der Geruch erfüllte den Wagen, er wollte nicht anhalten, wollte ihn am liebsten die ganze Strecke mitnehmen, an den Gewürzgärten vorbei bis nach

Kegalle, statt ihn nach ein paar Kilometern wieder rauszu-
lassen. Er fuhr weiter, der Zimt war schon wieder von
neuen nächtlichen Gerüchen fortgeweht, fuhr halsbreche-
risch, er konnte sich nicht recht erinnern, ob er halsbreche-
risch fuhr oder nicht, war sich nur der Nachtbrise bewußt,
des Niederschlags aus den Gewürzgärten, an denen er
vorbeirauschte, als führe er an riesigen Küchen entlang. Einer der Scheinwerfer an seinem Auto war ausgefallen, also
wußte er, daß er sich vereinzelten Wanderern als Motorrad
verkleidet näherte. Er kurvte die Nelundeniya-Serpenti-
nen hinauf, dann in die Stadt Kegalle. Über die Brücke
nach Rock Hill.

Etwa zehn Minuten lang blieb er vor dem Haus sitzen
und war sich nun deutlich bewußt, daß der Wagen leer war,
nichts enthielt außer seinem Körper, dieser Leiche. Er ließ
die Wagentür offen, wie einen gebrochenen weißen Flügel
auf dem Rasen, und ging auf die Veranda zu, einen Kasten
Schnaps unter dem Arm. *Mondlos.* Nicht einmal eine
schmale Sichel zu sehen. Ins Schlafzimmer, der Flaschen-
verschluß bereits aufgedreht. Tooby, Tooby, jetzt solltest
du deinen Schulfreund sehen. Der Flaschenhals an meinem
Mund, während ich auf dem Bett sitze wie ein verlorenes
Schiff auf einer weißen See. Und Jahre zuvor saßen sie auf
Liegestühlen, jung, auf der Überfahrt nach England. In
den absurden englischen Kleidern, mit denen sie sich gegenseitig überrascht hatten. Und dann, während der Heirat, fuhren sie nach Australien, fuhren friedlich über die
dunklen Berge der See, der Meeresgrund wie der Rücken
eines Drachen, Klippen und Gräben und das dunkelste
Auge des Diamantinakraters. Auch das war Teil des Uni-
versums, Teil der Erde. Sie küßten sich im Botanischen
Garten von Perth, nahmen den Überlandzug ostwärts quer
durchs Land, nur um sagen zu können, daß sie den Pazifik
gesehen hatten. Sein Colombo-Anzug fiel nun von ihm auf

den Boden, in die eigene weiße Pfütze, und er ging zu Bett. Dachte. Woran dachte er? Immer häufiger sah er sich selbst beim Nichtstun zu, mit nichts. In Augenblicken wie diesem.

Er sah sich selbst mit der Flasche. Wo war sein Buch. Er hatte es verloren. Was war das Buch. Es war kein Shakespeare, keines dieser Stücke von der Liebe, bei denen er viel zu leicht weinte. Mit dunkelblauem Einband. Man schlug es auf und betrat ein Zimmer voll Leid. Mein Mittsommertraum. Jeder von ihnen war zu Zeiten mit einem Eselskopf umhergelaufen, Titania Dorothy Hilden Lysander de Saram, eine Versammlung von Mischlingen, teils Singhalese, teils Holländer, teils Tamile, teils Esel, die in ihrer törichten und ernsthaften Besessenheit langsam durch die Wälder zog. Nein, er sah sich in dem leeren Zimmer um, erzähl mir nichts von Shakespeare, von »grünen Hüten«.

Die halbleere Flasche stand neben ihm. Er stand auf und zündete die Petroleumlampe an. Er wollte sein Gesicht betrachten, obwohl der Spiegel fleckig war, als seien braunes Wasser und Rost im Glas eingefangen. Er ging auf das Badezimmer zu, das gelbe Pendel der Lampe neben seinen Knien. Bei jeder Schwingung nahm er den Zustand des Zimmers und des Korridors wahr. Ein kurzer Blick auf schnell alternde Spinnweben, verstaubtes Glas. Seit Wochen nicht abgestaubt. Und die Natur breitete sich aus. Teesträucher wurden zu Dschungel, Zweige streckten ihre Arme durch die Fenster. Wenn du still standest, wurdest du überfallen. Reichtum, der nicht in Umlauf gebracht wurde, verrottete schnell. Das Papiergeld in deiner Tasche, feucht von deinem eigenen Schweiß, setzte Schimmel an.

Im Badezimmer hatten Ameisen den Roman attackiert, der auf dem Boden bei der Kommode lag. Ein ganzes Bataillon trug eine Seite von ihrem Ausgangspunkt weg, trug das kleingedruckte Stück Papier, als rollte es eine Platte von ihm fort. Er kniete sich auf die roten Fliesen, langsam, wollte sie nicht bei der Arbeit stören. Es war die Seite 190. Er war nicht so weit vorgedrungen, doch er überließ sie ihnen. Er setzte sich hin und vergaß den Spiegel, auf den er zugegangen war. Hatte Angst vor der Gesellschaft des Spiegels. Er setzte sich hin, mit dem Rücken zur Wand, und wartete. Das weiße Rechteck bewegte sich mit den geschäftigen, emsigen Ameisen. Pflicht, dachte er. Doch das war nur ein Fragment, das er vom Grund seines Auges her anstarrte. Er trank. Da. Er sah die Mitternachtsratte.

Monsuntagebuch (3)

Ein Schulheft. Ich schreibe dies an einem Schreibtisch aus Kalamander und blicke durch die Fenster in die trockene schwarze Nacht hinaus. »Thanikama.« »Alleinsein.« Vogellos. Das Geräusch eines Tieres, das durch den Garten läuft. Mitternacht und Mittag und Morgendämmerung und Abenddämmerung sind die Stunden der Gefahr, anfällig für die *grahayas* – umherirrende böse Geister. Vermeide es, bestimmte Speisen an einsamen Orten zu essen, die Teufel riechen dich sonst. Trage Metall bei dir. Ein eisernes Herz. Tritt nicht auf Knochen oder Haare oder menschliche Asche.

Schweiß läuft mir den Rücken hinab. Der Ventilator setzt aus, startet dann wieder. Um Mitternacht ist diese Hand das einzige, was sich bewegt. So unauffällig und vorsichtig wie alle möglichen Tiere im Garten, die sich braune Blätter ins Maul stopfen, den Abfluß wegen des Wassers aufsuchen oder auf die Glasscherben steigen, die die Mauern krönen. Beobachte, wie sich die Hand bewegt. Warte darauf, daß sie etwas sagt, zufällig auf eine Wahrnehmung stößt, die Form eines unbekannten Gegenstands.

Auf den Garten, ein paar Meter weiter weg, geht plötzlich ein Platzregen nieder. Innerhalb einer halben Sekunde ist die friedliche trockene Nacht erfüllt vom Klang von Regen auf Blech, Zement und Erde – er weckt langsam die anderen im Haus. Doch ich habe ihn wirklich gesehen, als ich in die Dunkelheit hinausblickte, ich habe den weißen Platzregen gesehen (reflektiert vom Zimmerlicht), der wie ein Gegenstand am Fenster vorbeifiel. Und nun spritzt der Staub, der seit Monaten dort lag, vom Boden hoch und verströmt seinen Geruch in das Zimmer. Ich stehe auf, gehe hinaus in die Nacht und atme ihn ein – den Staub, den Geruch der Nässe, der mit Händen zu greifen ist, den Sauerstoff, der nun in das Erdreich gehämmert wird, so daß es schwerfällt zu atmen.

Letzte Tage
Vatersprache

Jennifer:

Die Hühnerfarm war damals sehr groß. Er hatte Tausende
von Hühnern. Er zog Mehrzweckrassen – solche, die Eier
legten, aber auch zum Essen geeignet waren. Die Light
Sussex, die Rhode Island Reds, die Plymouth Rocks. Und
er war der Inspektor für die Region, besichtigte Gutshöfe
und verfaßte Berichte darüber, wie sie geführt wurden...
Ich glaube, er war einer der ersten Ceylonesen, die diese
Position innehatten. Doch die Hühner nahmen den größten Teil seiner Zeit in Anspruch. Ich entwarf ein Plakat für
die Hühnerfarm, und er ließ es aufwendig drucken. Und
wir dachten uns gemeinsam Anzeigen für die Zeitungen
aus. Die *Daily News* nahm viele davon nicht an, zum Beispiel »Rock Hill Farm bringt deiner Oma das Eieraussau-
gen bei!« Er hielt uns alle auf Trab. Ich erledigte die Korre-
spondenz, und Susan sammelte die Eier ein. Man hätte sich
in Kegalle leicht völlig abgeschnitten fühlen können, doch
er schuf dort eine Welt für uns – die ganzen Bücher und Ra-
dioprogramme. Wir lauschten den »20 Fragen« – mein
Gott, wir hörten uns das jede Woche an, und er liebte es,
und ich haßte es.

Tagsüber dachte er sich Jobs aus, für die er uns bezahlte. Ab und zu rief er die »Käferwoche« aus. Wir mußten dann die schwarzen Kokosnußkäfer fangen, die er dann an seine Hühner verfütterte. Zehn Cents für die großen, fünf Cents für die kleinen, und wir brachten Stunden damit zu, sie auszusortieren und zu entscheiden, ob sie groß waren oder klein. Der ganze Tag war auf solche Weise organisiert, mit lauter solchen Spielen. *Katzen*, zum Beispiel. Er liebte fast alle Tiere, aber von Katzen hielt er sich fern. Trotzdem folgten sie ihm ständig. Wenn er also in die Stadt ging, schlossen wir Wetten darauf ab, wie viele Katzen ihm zulaufen würden. Und obwohl er sie nicht mochte, glaube ich doch, daß er recht stolz auf diese Eigenart war. Katzen liefen über die Straße, wenn sie ihn kommen sahen. Stiegen wir ins Auto, mußte er als erster einsteigen, und wir fingen dann an, die Katzen hinauszuwerfen, und versuchten zu verhindern, daß sie zurück unter seinen Sitz krochen.

Er liebte unsere Leichtgläubigkeit, unsere Unschuld, und jahrelang fielen wir auf seine Tricks herein. Holte er Suzie und mich für einen Tag aus dem Internat, fuhr er uns zum Elephant House und bestellte Kuchen und Cremeschnitten und Lanka Colas. Er hatte uns einmal gesagt: »Je mehr ihr eßt, desto weniger muß ich bezahlen«, und wir glaubten ihm und aßen um seinetwillen, soviel wir konnten. Erst als Maureen einmal mitkam und entsetzt war über unsere Gefräßigkeit, fanden wir die Wahrheit heraus und wären beinahe für unsere Dummheit geschlagen worden.

Er brachte es fertig, daß Kinder sich ordentlich benahmen, weil er ihre Aufmerksamkeit wachhielt. Du warst anscheinend ein Heiliger, wenn Papa in der Nähe war, doch war er außer Haus, warst du ein wahrer Teufel. Er vermißte euch alle fürchterlich, er sehnte sich nach euch, doch zu uns –

seiner zweiten Familie – war er ebenso liebevoll. Ich war ja gar nicht seine richtige Tochter, aber in seinen letzten Jahren war ich ihm wahrscheinlich am nächsten. Er zog mich wie eine Prinzessin auf und verteidigte mich gegen jeden, selbst gegen die strengsten Lehrer. Da war eine Miss Kaula – ein Drachen. Papa hatte sie bezirzt. Sie putzte sich heraus, bevor er kam, und duldete es, daß er sich nie an die Besuchszeiten hielt. Er war erstaunlich beschützerisch. Er ließ mich nie zu Freunden über das Wochenende, sie mußten kommen und bei uns übernachten. Und gab es nicht genug zu essen für alle, dann gab er solche Parolen aus wie zum Beispiel »FFDH«, was hieß: »Familie frißt die Hälfte.« Wir liebten diese ganzen Codes. Ein einziges Mal erlebte ich, daß er völlig verstört war, und das war, als ich ihn bat, mit mir ins Kino zu gehen. Das war einer dieser »Twist«-Filme. Joey D. and the Starlighters in *Peppermint Twist*. Er war völlig entsetzt. Das war die Zukunft.

Er konnte stets über sich selbst lachen. Er war so dick am Schluß, so groß. Er spendete dem Rotaryclub 313 Rupien, und als man ihn fragte, warum gerade diese Summe, sagte er, weil dies sein Gewicht sei. Ich glaube, es hatte mit den Drüsen zu tun, doch es war ihm egal. Als er uns zum erstenmal zum Tanzen ausführte, war ich erstaunt, wie leichtfüßig er sich bewegte. Er erinnerte sich an all die Walzer und Foxtrotts von einst. Als wir tanzten, sah ich unser Bild in einem Spiegel und er lächelte und sagte: »Nun siehst du wie mein Schlips aus.« Ich war sechzehn und wirkte winzig neben ihm. An meinem siebzehnten Geburtstag mußten wir den Gin mit Wasser verdünnen.

Wenn er zu trinken begann, verschwand ich einfach, das war leicht auf Rock Hill. Er wurde ohnmächtig; und wenn es ihm wieder besser ging, war er der reinste Engel und tat alles für uns ... Da gab es ein Lied, das er ständig sang, wenn er betrunken war, wieder und wieder. Er hatte es erfunden und sang es nur, wenn er richtig betrunken war. Halb englisch und halb singhalesisch, ein wenig erinnerte es an eine Baila, weil Firmennamen drin vorkamen und Straßennamen und aller mögliche Kauderwelsch. Kein Mensch begriff, worum es ging, aber für ihn war es kein Kauderwelsch, denn er sang jedesmal genau dieselben Worte.

Seine letzten Tage waren sehr still. Er gönnte sich jeden Tag eine Zigarette. Nach dem Essen ging er auf die Veranda und blieb dort etwa eine Stunde lang allein oder mit mir sitzen, bevor seine Radiosendungen anfingen. In der Zeit rauchte er seine Zigarette. Wollte ich ihn um Erlaubnis für etwas fragen, zum Beispiel wenn ich tanzen gehen wollte, war das der richtige Augenblick, denn in diesen Momenten war er mit allem noch am ehesten zufrieden. Ich erinnere mich, daß das eine richtige Zeremonie war. Ich brachte ihm die runde Zigarettendose und die Streichhölzer, und er zündete sich eine an und rauchte sie langsam. Das war etwa um acht Uhr abends.

* * *

V. C. de Silva:

Er konnte seine Hühner hervorragend verkaufen. Ich weiß nicht, wie er das machte, aber er nahm so eine ganz offizielle Haltung ein, und das half. Konnte ich 15 Rupien für ein Hühnchen erzielen, bekam er 27,50. Allerdings legte er im Umgang mit Erwachsenen eine gewisse Leichtgläubigkeit an den Tag, und einige nutzten seine Großzügigkeit aus. Hatte er Geld, so gab er es aus.

Ich galt als einer seiner engsten Freunde. Ich war auch sein medizinischer Ratgeber, und wir unterhielten uns über Hühner und Hunde. Nachdem ihn deine Mutter 1947 verlassen hatte, lebte ich einen Monat lang mit deinem Vater zusammen. Ich war der Unterhändler, brachte deiner Mutter in Colombo Blumen. Dann, 1950, hatte ich meine Praxis in Kandy, und er kam zu mir, weil er Blut spuckte. Dann wurden er und ich und Archer Jayawardene enge Freunde. Wir trafen uns einmal die Woche im *Daily-News*-Buchladen in Kandy.

Wir tranken nie mit ihm. Kamen Archer und ich nach Rock Hill, gab er uns ein großes Glas eiskalter Milch. Er las dauernd meine medizinischen Bücher, meine Bücher über Hunde und Geflügel; er brütete über ihnen. Wenn er im Delirium war, gab ich ihm ein halbes Gran Morphium als Sedativ für die nächsten zwölf Stunden, und danach ging es ihm wieder gut. Bevor er starb, hatte er eine zweite Blutung – der Magen diesmal. Doch er starb an einer Hirnblutung.

Nur zwei oder drei von uns waren eng mit ihm befreundet. Für Maureens Geschmack war ich wohl ein zu guter Freund, deshalb mochte sie mich nicht. Mein Gott, ich habe eine Menge von ihm gelernt. Es gab nichts über Geflügel, was er nicht wußte. Oder über Hunde. Er hatte großes Vertrauen zu mir, also mochte auch ich ihn sehr.

* * *

Archer Jayawardene:

Er war einer der Begründer des Kakteen-und Sukkulentenvereins. Wir hatten hundert Mitglieder, und einmal im

Jahr trafen wir uns zu Lunch und Tee im Kandy Garden Club.

Er liebte es, alle möglichen Veranstaltungen für uns zu organisieren. Er beschloß plötzlich, uns in unserem hohen Alter zum Tanzen zu bewegen. Ich glaube, Maureen wollte zu einem Neujahrsball, und er schlug vor, daß wir alle Tanzstunden nehmen sollten. Er stellte einen Lehrer ein, und wir mußten zweimal die Woche Unterricht nehmen. Er war phantastisch bei der Planung solcher Sachen – Picknicks, Ausflüge zum Peraherafest. Er liebte das Perahera und geriet dabei stets in Schwierigkeiten. Einmal fuhr er einem Polizisten über den Fuß. Im Polizeirevier schlief er am Schreibtisch des Inspektors ein, und man brauchte mehrere Männer, um ihn fortzutragen.

Doch die meiste Zeit verbrachte er damit, zu lesen oder dem riesigen Radio auf der Veranda zuzuhören. Ich glaube, er lebte in einer anderen Welt. Er interessierte sich nicht für Politik. Normalerweise sprach er nicht über die Vergangenheit. Doch als den Aufständischen der Prozeß gemacht wurde, fuhr er nach Colombo, um seine alten Freunde, Derek und Royce, im Gefängnis zu besuchen.

Ein Jahr, bevor er starb, hatte er diese schrecklichen Depressionen. V. C. de Silva und ich kamen, und er sprach kein Wort mit uns. Wir waren seine besten Freunde, und er ignorierte uns. Saß ganz still da, als wäre er gegen etwas gestoßen und könnte sich nicht bewegen. Ein Cousin von mir war Psychiater, und ich brachte ihn aus Colombo mit und stellte ihn vor, und noch bevor ich von der Veranda ins Zimmer trat, steckte er in der angeregtesten Unterhaltung mit dem Arzt.

Sein Begräbnis war eine tragikomische Angelegenheit. Zunächst war der Sarg, den sie brachten, zu klein, also mußten sie im Haus einen neuen zimmern. Dann konnten sie ihn nicht raustragen, also mußten sie die Türen niederreißen. Und am Tag der Beerdigung regnete es. Er hatte dieses Grundstück direkt oben auf dem Hügel gekauft. Wir stiegen diesen steilen Weg hinauf, trugen den Sarg, rutschten aus und fielen auf der schmalen, schlammigen Straße auf die Knie.

In diesem letzten Jahr nach der Depression ging es ihm nicht gut. Aber er war zufrieden. Ich glaube, wir beide waren ungeduldige Menschen. Doch die Kakteen und die Gärtnerei ... verstehst du ... wir hatten uns etwas beigebracht. Und jetzt sind meine Frau und ich in dieses kleine Haus gezogen, und die Möbel sind noch immer nicht da, doch das ist mir egal. Die Buddhisten sagen, wenn du Dinge besitzt, machst du dir nur Sorgen deswegen. Ich fahre morgens um drei Fahrrad, wenn die Straßen leer sind ... Ich genieße das Leben wirklich. Ich erzähle meiner Frau ständig, daß wir uns auf das andere Leben vorbereiten sollten, auf das Fliegen.

Zwei Tage, bevor er starb, waren wir zusammen. Wir waren allein im Haus. Ich kann mich nicht daran erinnern, worüber wir sprachen, doch wir saßen drei Stunden lang da. Auch ich rede nicht viel. Weißt du, das ist wirklich sehr entspannend, wenn du mit einem guten Freund zusammensitzt und weißt, da ist nichts, was du ihm erzählen müßtest, nur um deine Sorgen loszuwerden. Wir saßen einfach nur wie jetzt in der Abenddämmerung zusammen, schwiegen und waren ganz zufrieden.

* * *

Seine Stimmungen in jenen letzten Jahren schwankten wild – nicht so sehr von Nüchternheit zu Trunksucht, sondern von Gelassenheit zu Depression. Doch er war schüchtern, er wollte niemand anders damit beunruhigen, also schwieg er die meiste Zeit. Das war seine einzige Verteidigung. Es für sich zu behalten, um nicht anderen mit seiner Furcht weh zu tun.

Ich denke oft an die Zeilen Goethes »… Ach, wer heilet die Schmerzen / Deß, dem Balsam zu Gift ward?« Ich kann diese extremen Schwankungen bei ihm nur erklären, indem ich mich auf diese Metamorphose konzentriere. Zum Ende hin verhielt er sich sehr liebenswürdig gegenüber seinen wenigen Freunden, so daß sie seine Zerrissenheit nicht bemerkten, höchstens ahnen konnten, und zu dem Zeitpunkt war er schon zu weit weg, war er auf der Kippe. Und wie konnten seine Kinder etwas ahnen, wenn er ihnen seine merkwürdigen, kryptischen Notizen schickte, wie: »Liebe Jenny – mir geht es rechts gut. Ich hoffe, Du bist auf derselben Seite. Alles Liebe, Papa xxx«?

Seine Wahnvorstellungen waren furchtbar. Paranoia beherrschte ihn in den Zeiten, wenn es mit ihm abwärts ging. Einmal zerschlug er selber dreihundert Eier. Grub ein Loch und warf sie hinein und zerschlug sie mit einem langen Stock, damit nichts überlebte – und das alles, weil er wußte, daß jemand versuchte, die Familie zu vergiften. Das tat er heimlich, um niemanden zu erschrecken.

Wenn er nicht länger all die Informationen für sich behalten konnte, das Wissen um das, was vor sich ging, fing er zu trinken an. Oder er brach völlig zusammen, wie in dem Jahr, bevor er starb. Zeremonien um ihn herum verdunkelten sich. Seine beiden besten Freunde waren traurig, nicht nur wegen dem, was aus ihm geworden war, sondern auch, weil er ihnen anscheinend nicht mehr traute. Er saß im Brunnen des völligen Schweigens. Saß auf der Veranda und blickte hinaus auf die Kokospalmen, die verdächtigen Hühner. Er bereitete sich selbst ein Omelette und eine Tasse Suppe zu. Zu dem Zeitpunkt trank er nicht. Er saß da, völlig starr, seine Augen schweiften über den Rasen. Es war zu spät, um sicher und höflich zu handeln.

Sie fanden einen Arzt, mit dem er bereit war zu reden, und man wies ihn in ein Spital in Colombo ein. Als die Kinder zu Besuch kamen, verhielt er sich distanziert, weil er sie für Imitationen hielt. Er sehnte sich danach, seine Kinder in den Armen zu halten. Verstehst du, das alles passierte, während seine erste Familie in England oder Kanada oder Colombo war und keine Ahnung davon hatte, was mit ihm geschah. Das wird für immer der Fluch sein, der auf uns liegt, die Schuld, mit der wir zurückbleiben.

Nach zwei Wochen kam er nach Haus, fröhlich und positiv gestimmt. Jahre zuvor hatten Archer und Doreen Jayawardene ihm gesagt, daß Rock Hill ein »see devi«-Ort sei, ein Heim der Zufriedenheit und des Friedens. Als er sie nun wiedersah, sagte er: »Ist es jetzt nicht wieder ein see-devi-Ort?« Und zum erstenmal erklärte er seinen Freunden, was geschah, wenn er sich im Zustand der Umnachtung befand:

Wenn ich euch kommen sah (sagte mein Vater), sah ich giftige Gase um euch herum. Ihr kamt über den Rasen auf mich zu und seid durch grünes Gas gewatet, als würdet ihr zu Fuß einen Fluß überqueren, und habt es nicht gemerkt. Und ich dachte, wenn ich spreche, wenn ich euch darauf aufmerksam mache, wird es euch sofort zerstören. Ich war immun. Mich würde es nicht töten, doch wenn ich euch diese Welt offenbart hätte, hättet ihr leiden müssen, weil ihr nichts davon wußtet, dagegen keine Verteidigung hattet...

Etwa ein Jahr darauf brachte er einige Eier zum Bahnhof und beschloß, auf dem Rückweg seine Cousine Phyllis in

Kandy zu besuchen. Sie erinnert sich daran, wie er ankam, während sie auf der Veranda saß, und wie sie dann aufstand. Er winkte, fuhr aber dauernd im Kreis auf der Auffahrt herum und verschwand, noch immer winkend. Eine Stunde darauf bekam sie einen Anruf von ihm. Er sagte: »Du mußt mich für verrückt gehalten haben, doch als ich anhalten wollte, merkte ich, daß ich einen platten Reifen bekam, also dachte ich, ich sollte lieber schnell nach Hause fahren.« Sie lachten fröhlich über den Vorfall, und das waren die letzten Worte, die sie miteinander wechselten.

Es gibt noch so viel zu erfahren, und wir können nur raten. Um ihn herum raten. Ihn durch diese einzelnen Geschichten über ihn kennenlernen, die mir von denen erzählt werden, die ihn liebten. Und doch ist er noch immer eines jener Bücher, die wir so gern lesen würden und deren Seiten unaufgeschnitten bleiben. Wir wissen noch immer nichts. Nicht, daß er zu kompliziert geworden wäre, aber er hatte sich selbst auf nur noch wenige Dinge um sich herum beschränkt und verlieh ihnen eine immense Bedeutung. Er konnte stundenlang mit V. C. de Silva über das Verhalten bestimmter Lebewesen theoretisieren. Er machte Aufzeichnungen über jede der vierhundert verschiedenen Kakteen- und Sukkulentenarten – einige davon hatte er nie gesehen, andere hatte er über einen Freund ins Land geschmuggelt. Das waren wichtige Tage, wenn bestimmte Wasserpflanzen von Pazifikinseln ankamen. Er hatte die spezifische Mannigfaltigkeit all dessen, was wuchs, und das Wissen, das es ihm vermittelte, lieben gelernt. Da gab es die Spiele, die er für seine Kinder erfand. Da war das Wiedererlernen der alten Lieder aus der Vergangenheit, um ihnen eine Freude zu machen. Sie konnten sich von den albernen Texten aus den dreißiger Jahren, die ihn stets gerührt hatten, verzaubern lassen.

Höflichkeit. Bescheidenheit. Trotz seiner exzessiven

Gesten in früheren Zeiten war er am Ende ein Miniaturist, der sich an kleinen Dingen freute, den unaufdringlichen Gesten im kleinen Familien- und Freundeskreis. Er dachte sich hübsche Lieder über jeden Hund aus, den er je besessen hatte – jedes hatte eine andere Melodie, und in den Versen feierte er ihre Charakterzüge.

»Du mußt dieses Buch richtig schreiben«, sagt mir mein Bruder, »du kannst es nur einmal schreiben.« Und doch ist das Buch unvollständig. Zum Ende hin bewegen sich alle Deine Kinder zwischen den verstreuten Handlungen und Erinnerungen, ohne irgendwelche weiteren Anhaltspunkte. Nicht, daß wir je geglaubt hätten, Dich vollständig begreifen zu können. Liebe ist meist genug, zu der Phase, als Du dich den kleinen Dingen zuwendetest. Was immer Dir Trost brachte, wir hätten es gebilligt. Was immer die Angst im Zaum hielt, die wir alle teilen, wir hätten es gutgeheißen. Damit konnten wir uns nur von einem Tag auf den anderen beschäftigen – mit jenem Lied, das wir nicht übersetzen können, oder dem staubigen Grün des Kaktus, den Du berührst und vorsichtig, wie ein verletztes Kind, zur Sonne hin richtest, oder den Zigaretten, die Du anzündest.

Der letzte Morgen

Eine halbe Stunde vor Sonnenaufgang werde ich vom Geräusch des Regens geweckt. Regen auf Mauer, Kokosnuß und Blütenblatt. Dieses Geräusch, lauter als das Surren des Ventilators. Die Welt in der Dunkelheit jenseits der vergitterten Fenster ist schon wach, als ich aufstehe und hier auf den letzten Morgen warte.

Mein Körper muß sich an alles erinnern, an diesen plötzlichen Insektenstich, den Geruch nasser Früchte, das langsame Schneckenlicht, Regen, Regen, und unter der Andeutung von Farben das Geschrei aufgeregter nasser Vögel, deren Gabe der Mimikry große wilde Tiere vortäuscht, Züge, brennende Elektrizität. Dunkle Bäume, die moderige Gartenmauer, die langsame Luft, vom Regen zu Boden gedrückt. Über mir das ständige Blitzen der Ventilatorflügel. Schalte ich das Licht ein, wird die Glühbirne an dem meterlangen Kabel im Rhythmus des elektrischen Schauers hin- und herpendeln und meinen Schatten auf der Wand hin- und herwandern lassen.

Doch ich schalte das Licht noch nicht ein. Ich will diese Leere eines dunklen Raumes, in dem ich lausche und warte. Nichts in diesem Blickfeld, das nicht hundert Jahre alt sein könnte, das nicht schon hätte hier sein können zu der Zeit, als ich mit elf Ceylon verließ. Meine Mutter blickt in Colombo aus ihrem Fenster und denkt an Scheidung, mein Vater erwacht aus einem dreitägigen Rausch, kaum in der Lage, sich zu rühren, so steif sind Muskeln, die er, soweit er sich erinnert, kaum beansprucht hat. Diese morgendliche Szenerie ist meiner Schwester und ihren Kindern wohlvertraut, die vor Sonnenaufgang gemeinsam zum Schwimmunterricht aufbrechen und die leere Stadt im Volkswagen durchqueren, an den Taschen der geöffneten Geschäfte und ihrem Glühbirnenlicht vorbei, in denen Zeitungen und Lebensmittel verkauft werden. Genauso stand ich in den langen Morgenstunden meiner Kindheit da, unfähig, das Warten auf das Tageslicht zu ertragen, um endlich die Familie Peiris unten an der Straße in Boralesgamuwa besuchen zu können. Die wundervollen langen Tage, die ich dort mit Paul und Lionel und Tante Peggy verbrachte, die gelassen protestierte, wenn ich mit meinen nackten, dreckigen Füßen über ihre Bücherregale kletterte. Bücherregale, vor denen ich diese Woche wieder stand, die gefüllt sind mit signierten Erstausgaben der Gedichte von Neruda und Lawrence und George Keyt. All das war hier, bevor ich davon träumte, zu heiraten, Kinder zu haben, schreiben zu wollen.

Hier, wo einige Ameisen, so klein wie Mikropunkte, beißen und von der Schwellung hochgehoben werden, die fünfmal so groß ist wie ihr Körper. Gelüpft von ihrem eigenen Gift. Hier, wo nun im Nebenzimmer die Kassette zu spielen beginnt. Mitten im Monsun, an meinem letzten Morgen, der ganze Beethoven und Regen.

Danksagung

Ein literarisches Werk ist eine Gemeinschaftsarbeit. Und dieses Buch hätte nicht *erdacht*, geschweige denn gezeugt werden können ohne die Hilfe vieler Menschen.

Das Buch ist eine Mischung zweier Reisen nach Sri Lanka, 1978 und 1980. Jedesmal blieb ich mehrere Monate, reiste allein umher, und dann kamen meine Frau und meine Kinder nach. Meine Schwester Gillian begleitete mich bei vielen meiner Forschungsreisen über die ganze Insel. Sie, meine andere Schwester Janet und mein Bruder Christopher trugen entscheidend dazu bei, daß ich die Ära meiner Eltern rekonstruieren konnte. Dies ist ihr Buch so gut wie das meine. Auch meine eigene Familie hatte zu ertragen, daß ich jeden, den wir trafen, zwanghaft ausfragte, und mußte sich wieder und wieder lange Listen verworrener Stammbäume und Gerüchte anhören.

Das Rohmaterial kam aus vielen Quellen, und ich möchte einer größeren Gruppe von Verwandten, Freunden und Kollegen danken, die meine Wißbegierde unterstützten: Alwin Ratnayake, Phyllis und Ned Sansoni, Ernest und Nalini McIntyre, Zillah Gratiaen, Pam Fernando, Wendy Partridge, Dolly van Langenberg, Susan und Sunil Perera,

Jennifer Saravanamuttu, Archer und Doreen Jayawardene, V. C. de Silva, Peggy und Harold Peiris, Sylvia Fernando, Stanley Suraweera, Hamish und Gill Sproule, Dhama Jagoda, Ian Goonetileke, Yasmine Gooneratne, Wimal Dissanayake, Jilska Vanderwall, Rex und Bertha Daniel, Irene Vanderwall, Rohan und Kamini de Soysa, Erica Perera, Clarence de Fonseka, Nesta Brohier, Nedra de Saram, Sam Kadirgamar, Dorothy Lowman, John Kotelawela, Irangenie »Chandi« Meedeniya, Barbara Sansoni, Trevor de Saram, Thea Wickramasuriya, Jenny Fonseka, Yolande Ilangakoon, Babe Jonklaas, Verna und Mary Vangeyzel, Audrey de Vos ... und Shaan, Eggily und Hetti Corea.

Wenn auch all diese Namen dem Ganzen einen Anstrich von Authentizität verleihen, so muß ich doch gestehen, daß das Buch keine Historie, sondern ein Porträt ist, eine »Geste«. Und wenn die Obengenannten mit dem fiktionalen Anflug nicht einverstanden sind, so entschuldige ich mich und kann nur sagen, daß auf Sri Lanka eine gut erzählte Lüge so viel wert ist wie tausend Fakten.

* * *

Zum Schluß einen besonderen Dank drei Freunden, die mir bei vielen Phasen der Arbeit am Manuskript geholfen haben: Daphne Marlatt, Stan Dragland und Barrie Nichol, »for my papers ware promiscuous and out of forme with severall enlargements and untutored narrative«.

Inhalt

Mauser
95

Der verlorene Sohn
125

Ein verwilderter Garten,
eine zerbombte Villa und
vier Menschen, die nach
den Wirren des Krieges zufällig aufeinandertreffen. Sie
gruppieren sich um den
geheimnisvollen englischen
Patienten, einen auf den

Strandgut eines Krieges

Tod wartenden Flieger, der
bei einem Absturz über der
Wüste schwer verbrannt
wurde. Gespräche, Erinne-
rungen, Rückblenden geben
spannend Stückchen für
Stückchen mehr vom
Schicksal dieser Personen
preis. Michael Ondaatje wurde 1992 für dieses Buch mit
dem Brooker-Preis, dem
bedeutensten englischen
Literaturpreis ausgezeichnet.

Aus dem Englischen von Adelheid
Dormagen. 328 Seiten. Gebunden.

Umberto Eco im dtv

**Umberto Eco:
Der Name der Rose
Roman**

dtv

Daß er in den Mauern der prächtigen Benediktinerabtei das Echo eines verschollenen Lachens hören würde, das hell und klassisch herüberklingt aus der Antike, damit hat der Franziskanermönch William von Baskerville nicht gerechnet. Zusammen mit Adson von Melk, seinem jugendlichen Adlatus, ist er in einer höchst delikaten politischen Mission unterwegs. Doch in den sieben Tagen ihres Aufenthalts werden die beiden mit kriminellen Ereignissen und drastischen Versuchungen konfrontiert ... Diese furiose Kriminalgeschichte, in der die Ästhetik des Mittelalters mit der Philosophie der Antike und dem Realismus der Neuzeit eine geniale Verbindung eingeht, ist zum Welt-Bestseller geworden.

dtv 10551

Nachschrift zum ›Namen der Rose‹

»Ich habe einen Roman geschrieben, weil ich Lust dazu hatte«, behauptet Umberto Eco. Aber als Kenner des Mittelalters wie der modernen Erzähltheorie, der Massenmedien wie der Eliten wollte Eco nicht bloß »einen« Roman schlechthin schreiben, der bei den Kritikerkollegen wie auch beim Publikum gleichermaßen »ankam«. Der Erfolg, aber nicht nur der, gab ihm recht. Seine »Nachschrift zum Namen der Rose« beweist darüber hinaus, daß die Entstehungsgeschichte und die Prämissen eines großen Romans mindestens genauso amüsant sein können wie das Werk selbst.
dtv 10552

Über Gott und die Welt
Essays und Glossen

Eco, der Zeichenleser und Spurensucher, flaniert durch die Musentempel und Kultstätten der Massenkultur und nimmt in den Fußballstadien und Spielhallen, in TV-Studios und im Supermarkt, im Kino und auf der Straße Dinge wahr, die uns bisher meist entgangen sind. Der Detektiv Eco zerlegt komplexe Zusammenhänge mit verblüffender Leichtigkeit, und weil er spielerisch umgehen kann mit Indiz, Alibi und corpus delicti, folgt ihm der Leser mit dem Vergnügen desjenigen, der beim Zwiegespräch über Gott und die Welt zugleich aufs Angenehmste unterhalten wird.
dtv 10825

Carlos Fuentes

»Südlich eurer Grenze...erstreckt sich
ein Kontinent, der sich in voller revolutio-
närer Gärung befindet – ein Kontinent,
der unermeßliche Reichtümer birgt und
der dennoch in einem solchen Elend
und solcher Trostlosigkeit lebt, wie ihr
sie nie gekannt habt...« Rede an die
Bürger der USA

**Carlos Fuentes:
Terra nostra
Roman**

dtv

»Revolutionen,
ketzerische Pas-
sionsgeschichte,
Tod, Auferstehung,
Reisen ohne Ziel,
Blut, Feuer, Perver-
sionen. Alte Welt,
Neue Welt, Andere
Welt... Ein faszinie-
rendes Werk und
sicher große Litera-
tur.«   (Die Welt)

dtv 10043

»Es ist wieder Zeit, Männer zu mögen.«

Margaret Atwood

MannsBilder
Von Frauen

MannsBilder
Von Männern

**MannsBilder
Von Frauen**
Originalausgabe
dtv 11720

»MannsBilder« – gesehen von Frauen, zum Beispiel von Isabel Allende, Margaret Atwood, Gioconda Belli, Benoîte Groult, Elke Heidenreich, Tama Janowitz, Elfriede Jelinek, Erica Jong, Esther Vilar, Christa Wolf u. a.

**MannsBilder
Von Männern**
Originalausgabe
dtv 11721

»MannsBilder« – gesehen von Männern, zum Beispiel von Madison Smartt Bell, Robert Bly, Heinrich Böll, Ernest Bornemann, Bruce Chatwin, J. W. Goethe, Sam Keene, Erich Loest, Klaus Theweleit, Wolfram von Eschenbach u. a.